Stefan Seitz/Petra Hiebl

Soft Skills – Diagnose und Trainingsmodule

Ein Praxisleitfaden zur Förderung der Selbst- und Sozialkompetenz am Gymnasium

5.–10. Klasse

Persen Verlag

Die Autoren:

Dr. Stefan Seitz ist habilitierter Schulpädagoge und Leiter des Praktikumsamtes der Katholischen Universität Eichstätt-Ingolstadt.

Petra Hiebl ist wissenschaftliche Mitarbeiterin an der Katholischen Universität Eichstätt-Ingolstadt.

Gedruckt auf umweltbewusst gefertigtem, chlorfrei gebleichtem und alterungsbeständigem Papier.

Grafik: Thomas Binder
Satz: Satzpunkt Ursula Ewert GmbH, Bayreuth

ISBN 978-3-403-23244-5

www.persen.de

Übersicht über die Kopiervorlagen 5

Vorwort 6

I Theoretischer Hintergrund 7

1 Der Begriff „Soft Skills“ im Kontext von Schule und Gesellschaft 7
2 Zum Kompetenzmodell 8
3 „Soziale Kinder lernen besser“ (Weidner 2005) 11

II Module für die Praxis 12

Modul 1: Diagnose „Life Skills“

Von Fähigkeiten ausgehend Kompetenzen stärken oder fördern

1.1 Klassenklima 13
KV 1 Methode: „Stimmungsbarometer“ 15
KV 2 Methode: „Soziogramm“ 16
KV 3 Klassenfragebogen 17

1.2 Systematische Schülerbeobachtung 20
KV 4 Beobachtungsbogen 21

1.3 Reflexion des Erziehungs- und Unterrichtsstils der Lehrkraft / der Lehrkräfte in der Klasse 23

1.4 Eltern als Erziehungspartner 25
KV 5 Informationsabend: „Life Skills“ – Persönlichkeitsentwicklung stärken 26
KV 6 Elterngespräch 27

Modul 2: Selbstkompetenz

Selbstwertgefühl – Selbstvertrauen – Wertschätzung – Selbstwirksamkeit – Selbstbeobachtung – Eigenverantwortung – Selbstdisziplin – Meine Stärken und Schwächen

2.1 Eigene Stärken und Schwächen kennen 28
KV 7 Meine persönlichen Stärken und Schwächen 29

2.2 Gefühle wahrnehmen und ausdrücken können 30
KV 8 Gefühle-Akrostichon 31

2.3 Selbst- und Fremdwahrnehmung 32
KV 9 Fragebogen zur Selbst- und Fremdwahrnehmung 34

2.4 Selbstkompetenz entwickeln – Durchsetzungsfähigkeit ausbauen 35
KV 10 Kompetenzcheck zur eigenen Durchsetzungsfähigkeit 36
KV 11 Tipps zur Steigerung der Durchsetzungsfähigkeit 37

2.5 Die eigene Meinung äußern 38

2.6 Spiele zum Erfahren der eigenen Persönlichkeit und des sozialen Miteinanders in der Gemeinschaft 39
KV 12 Ich schenke mir ein gutes Wort 41

Modul 3: Sozialkompetenz

Achtung – Anerkennung – Empathie/Perspektivenübernahme – Kompromissfähigkeit – Recht durchsetzen können – Menschenkenntnis – Kritikfähigkeit – Wahrnehmung – Toleranz – Respekt – Sprachkompetenz – Kommunikation – Teamfähigkeit

3.1 Soziale Kompetenzen durch kooperative Lernformen und einen Sozialzielekatalog fördern 42
KV 13 Methoden des kooperativen Lernens 46
KV 14 TeamPinBoard 50

3.2 Gesprächs- und Feedbackkultur pflegen: Klassenkreisgespräche 53
KV 15 Feedback geben und nehmen 54

3.3 Klassenregeln 55
KV 16 Unsere Klassenregeln 56
3.4 Teamfähigkeit 57
KV 17 Kompetenzcheck zur eigenen Teamfähigkeit 58
3.5 Rollenspiele 59
3.6 Verwendung geeigneter Kinder- und Jugendliteratur 61

Modul 4: Kommunikation und Kooperation

Kooperation – Konfliktfähigkeit – Kommunikationsfähigkeit – Miteinander lernen und leben – Problemlösekompetenz – Kompromisse eingehen

4.1 Grundlagen der Kommunikation
4.1.1 Das 4-Ohren-Modell oder: die vier Seiten einer Botschaft 63
KV 18 Kompetenzcheck zur eigenen Kommunikationsfähigkeit 65
KV 19 Das 4-Ohren-Modell 66
4.1.2 Aktives Zuhören 67
KV 20 Gesprächsregeln zum aktiven Zuhören 68
4.1.3 Ich-Botschaften 69
KV 21 Ich formuliere Ich-Botschaften 70
4.1.4 Angebote zur Förderung der Kommunikation 71

4.2 Konfliktfähigkeit
4.2.1 Entwickeln von Konfliktkompetenz 72
KV 22 Kompetenzcheck zur eigenen Konfliktfähigkeit 75
4.2.2 Konfliktverhalten – Umgang mit Killerphrasen 76
4.2.3 Konfliktgespräche gewaltfrei führen – Giraffen- und Wolfssprache 78
KV 23 Gewaltfreie Kommunikation (Rollenspiel) 80
KV 24 Giraffen- und Wolfssprache 81

4.3 Förderung der Problemlösekompetenz 82

4.4 Kooperation 84

Modul 5: Vorbild sein – Verantwortung übernehmen

Verantwortung – Fleiß – Flexibilität – Großmut – Konsequenz – Vorbildfunktion – Hilfsbereitschaft – Verlässlichkeit – Emotionale Intelligenz – Engagement – Zivilcourage

5.1 Der Klassenrat 86
KV 25 Protokoll einer Klassenratssitzung 88
KV 26 Regeln für die gemeinsame Arbeit im Klassenrat 89
5.2 Empathie entwickeln 90
5.3 Mentorentätigkeit 92
KV 27 Mentorenvertrag 93

Modul 6: Programme zur Förderung von Life Skills
6.1 Prävention im Team (PIT) 94
6.2 Lions-Quest 95
6.3 Achtsamkeit und Anerkennung 96

Quellenverzeichnis 97

Übersicht über die Kopiervorlagen

Nummer	Bezeichnung	Seite
KV 1	Methode: „Stimmungsbarometer“	15
KV 2	Methode: „Soziogramm“	16
KV 3	Klassenfragebogen	17
KV 4	Beobachtungsbogen	21
KV 5	Informationsabend: „Life Skills“ – Persönlichkeitsentwicklung stärken	26
KV 6	Elterngespräch	27
KV 7	Meine persönlichen Stärken und Schwächen	29
KV 8	Gefühle – Akrostichon	31
KV 9	Fragebogen zur Selbst- und Fremdwahrnehmung	34
KV 10	Kompetenzcheck zur eigenen Durchsetzungsfähigkeit	36
KV 11	Tipps zur Steigerung der Durchsetzungsfähigkeit	37
KV 12	Ich schenke mir ein gutes Wort	41
KV 13	Methoden des kooperativen Lernens	46
KV 14	TeamPinBoard	50
KV 15	Feedback geben und nehmen	54
KV 16	Unsere Klassenregeln	56
KV 17	Kompetenzcheck zur eigenen Teamfähigkeit	58
KV 18	Kompetenzcheck zur eigenen Kommunikationsfähigkeit	65
KV 19	Das 4-Ohren-Modell oder: die vier Seiten einer Botschaft	66
KV 20	Gesprächsregeln zum aktiven Zuhören	68
KV 21	Ich formuliere Ich-Botschaften	70
KV 22	Kompetenzcheck zur eigenen Konfliktfähigkeit	75
KV 23	Gewaltfreie Kommunikation (Rollenspiel)	80
KV 24	Giraffen- und Wolfssprache	81
KV 25	Protokoll einer Klassenratssitzung	88
KV 26	Regeln für die gemeinsame Arbeit im Klassenrat	89
KV 27	Mentorenvertrag	93

Vorwort

Schüler[1] müssen für das derzeitige und zukünftige Leben in der Gesellschaft gestärkt und hierauf gezielt vorbereitet werden. Es gilt, sie sowohl für ihr späteres berufliches Leben als auch für ihr persönliches und gesellschaftliches Dasein fit zu machen, damit sie ihren zukünftigen Rollen gewachsen sind und die ihnen abverlangten jeweiligen Erwartungshaltungen auch erfüllen können.

In der Regel haben sie gerade im Alter der Sekundarstufe I ihren Platz im Kontext der Gleichaltrigen noch nicht in der Weise gefunden, wie es für das soziale Zusammenleben dauerhaft förderlich ist. Auch ihr Selbstvertrauen ist in der Phase der Pubertät in der Regel sehr fragil. Deshalb sollten sie zum einen im unmittelbaren Sozialkontext gestärkt und vorangebracht werden, um als vollwertige Mitglieder unserer Gesellschaft sozial verträglich, verantwortlich und integrativ agieren zu können. Zum anderen sollten sie aber auch als starke und selbstbewusste Menschen erfolgreich ihr weiteres Leben meistern und für ihr zukünftiges Dasein Konzepte und Handlungsstrategien an die Hand bekommen, um eigenverantwortlich und selbstbestimmt handeln zu können.

Somit benötigen sie allgemeine Handlungskompetenzen und individuelle Bewältigungsstrategien, mittels derer sie zum einen ihr Selbstkonzept dauerhaft positiv stärken können und zum anderen im Umgang mit anderen die Grundlagen einer sozialen und wertebasierten Grundordnung mit tragen und umsetzen können. Im Einzelnen fallen hierunter unter anderem die folgenden Schlüsselqualifikationen bzw. Soft Skills:

- Eigenverantwortung
- Selbstsicherheit und Selbstvertrauen
- Kritikfähigkeit
- Konfliktfähigkeit
- Kommunikations- und Kooperationskompetenz
- Teamkompetenz
- Empathiebereitschaft und -kompetenz
- Sozialkompetenz
- Respekt für andere und Anerkennung von deren Werten/Überzeugungen
- Kompromissbereitschaft

Sie gilt es im folgenden Buch adäquat in ihrer Semantik und hinsichtlich ihrer jeweiligen Grundlagen zu klären und in konkrete, praxistaugliche Handlungsanweisungen zu überführen, die im Kontext des Schulalltags ihre konkrete Anwendung finden können.

Betont sei zudem, dass all diese Maßnahmen nur durch ihre langfristige und möglichst kollegiumsübergreifende Anwendung, getragen von einer wohlwollend unterstützenden Schulleitung, dauerhaft zum Erfolg führen können und sich nicht auf einzelne Lehrkräfte bzw. einzelne Unterrichtsstunden beschränken dürfen. Ferner ist es hilfreich, wenn sich die Lehrkräfte einer Klasse gemeinsam überlegen, welche Übungen gerade in dieser Lerngruppe besonders effektiv und effizient zur Anwendung kommen können und zu welchem Zeitpunkt das am besten erfolgt. Um die Maßnahmen in den jeweiligen Einzelfällen anpassen zu können, enthält die beiliegende CD Kopiervorlagen im editierbaren Word-Format.

[1] Im Folgenden sind hiermit immer Schülerinnen und Schüler gemeint.

1 Der Begriff „Soft Skills“ im Kontext von Gesellschaft und Schule

Um heutigen gesellschaftlichen Anforderungen in Beruf und privatem Leben gerecht zu werden, müssen Kinder und Jugendliche nicht nur fachliches Wissen nachweisen können und gebildet sein, sondern sie müssen auch sogenannte Soft Skills mitbringen. Veränderte Familienstrukturen und ein verändertes Aufwachsen geben den Kindern immer weniger Lerngelegenheiten in der Familie und machen es notwendig, dass Kinder und Jugendliche in der Schule im Bereich der Soft Skills gefördert werden.

Was sind „Life Skills“?
Mit Life Skills sind diejenigen Fähigkeiten gemeint, die einen angemessenen Umgang sowohl mit unseren Mitmenschen als auch mit Problemen und Stresssituationen im alltäglichen Leben ermöglichen. Solche Fähigkeiten sind bedeutsam für die Stärkung der psychosozialen Kompetenz (= die Fähigkeit zu kritischer Selbstreflexion und zu adäquatem Sozialverhalten).

Was sind „Soft Skills“?
Mit dem Begriff Soft Skills werden Kompetenzen bezeichnet, die langfristig und berufsübergreifend anwendbar sind. Solche Schlüsselkompetenzen hängen stark mit persönlichen Eigenschaften und Verhaltensweisen zusammen. In Verbindung mit den sogenannten Hard Skills, d. h. fachlichen Kenntnissen und Qualifikationen, bilden sie die berufliche Handlungskompetenz einer Person.
Fachwissen allein ist heute nicht mehr ausreichend, um erfolgreich eine Lehre oder ein Studium zu beginnen. Nur wenn der Schüler seine Fachkompetenz adäquat umsetzen kann (durch Selbst-, Sozial- und Methodenkompetenz), wird er erfolgreich sein und entsprechend den Anforderungen voll und vor allem vielseitig einsetzbar werden. Soft Skills sind dabei die Werkzeuge, mit denen Kompetenzen erworben sowie zielgenau angewendet werden können und die es ermöglichen, sich veränderten Situationen im Schul- und Berufsleben besser anpassen zu können. Schiffer/von der Linde klassifizieren dementsprechend folgendermaßen: „Soft Skills bezeichnen die Fertigkeiten und Fähigkeit zum Umgang mit Menschen und Entscheidungen, zur Selbststeuerung und Selbstorganisation.“ (Schiffer/von der Linde 2002, S. 9)
Und bei Böttcher/Lindart ist zu lesen: „Im Kern geht es um Haltungen, Fertigkeiten und Eigenschaften der Persönlichkeit, die fördern, dass Menschen in Interaktionszusammenhängen konstruktiv und sozial anerkannt handeln und in der Lage sind, sich weitere Handlungsoptionen konstruktiv zu ‚erschließen‘.“ (Böttcher/Lindart 2009, S. 7)
Zu den immer wichtiger werdenden Soft Skills gehören daher insbesondere soziale, kommunikative, mentale und personale Kompetenzen.

Wie erkennt man, dass jemand sozial kompetent ist?
Schiffer/von der Linde benennen folgende Verhaltensanker für die einzelnen Soft Skills, also konkrete Merkmale, anhand derer sich feststellen lässt, ob jemand über die entsprechende Kompetenz verfügt oder nicht:

„Einfühlungsvermögen
✓ Signalisiert aufmerksames Zuhören, z. B. durch Nachfragen und Nicken.
✓ Hält ausreichenden und angemessenen Blickkontakt.
✓ Greift auch die schwachen Signale des Gesprächspartners auf.
✓ Kann sich in Sprechweise, Vokabular und Verhalten auf den jeweiligen Gesprächspartner einstellen. …

Teamfähigkeit
- ✓ Erkennt typische Rollen im Team.
- ✓ Zeigt die Bereitschaft, sich ins Team einzuordnen.
- ✓ Erkennt und reflektiert die eigene Rolle, die er im Team spielt.
- ✓ Erzeugt im Teamgespräch eine Atmosphäre der Gemeinsamkeit. …

Konfliktfähigkeit/Konfliktmanagement
- ✓ Lässt sich auch bei persönlichen Angriffen nicht aus dem Gleichgewicht bringen.
- ✓ Erkennt die Vielschichtigkeit von Konflikten, z. B. die verschiedenen Ebenen, auf denen Konflikte angesiedelt sein können.
- ✓ Verfügt über Strategien, in Konfliktgesprächen Probleme zu erfragen, den Standpunkt der Gegenseite zu ermitteln.
- ✓ Verzichtet auf provokatives Verhalten.
- ✓ Lässt den anderen ausreden. …

Durchsetzungsvermögen
- ✓ Trägt den Konflikt aus, ohne vorschnell zu harmonisieren oder dem Konflikt auszuweichen.
- ✓ Benennt strittige Punkte eindeutig.
- ✓ Wirkt in seiner Rhetorik und Körpersprache entschieden und standfest.
- ✓ Steuert maßgeblich den Gesprächsverlauf.
- ✓ Zeigt Durchhaltevermögen und lässt sich nicht durch eine schnelle Kompromisslösung abspeisen. …

Überzeugungskraft
- ✓ Fragt nach, ob die eigene Argumentation verstanden wurde …
- ✓ Argumentiert inhaltlich tief und stichhaltig.
- ✓ Spricht lebhaft und interessant.
- ✓ Hakt nach bei Zweifeln. Fordert auf, Einwände zu äußern.
- ✓ Erläutert eigene Meinungen pointiert und verständlich.
- ✓ Botschaften sind klar und unrelativiert.
- ✓ Zeigt sich flexibel in seinen Argumentationsstrategien.“ (Schiffer/von der Linde 2002, S. 33 f.)

2 Zum Kompetenzmodell

Was ist Kompetenz?

Kompetenzen lassen sich gemeinhin als spezifische Handlungspotenziale bzw. -dispositionen verstehen, über die ein Individuum verfügt und die es je nach Bedarf in speziellen Kontexten zielgerichtet einsetzen kann. Weinert liefert folgenden, psychologisch geprägten Kompetenzbegriff:

> „Kompetenzen sind die bei Individuen verfügbaren oder durch sie erlernbaren kognitiven Fähigkeiten und Fertigkeiten, um bestimmte Probleme zu lösen, sowie die damit verbundenen motivationalen, volitionalen und sozialen Bereitschaften und Fähigkeiten, um die Problemlösungen in variablen Situationen erfolgreich und verantwortlich nutzen zu können.“ (Weinert 2001, S. 27 f.)

Dieses Kompetenzmodell präzisiert die Kompetenzbereiche und deren Zusammenhang für die **Handlungskompetenz** einer Person.

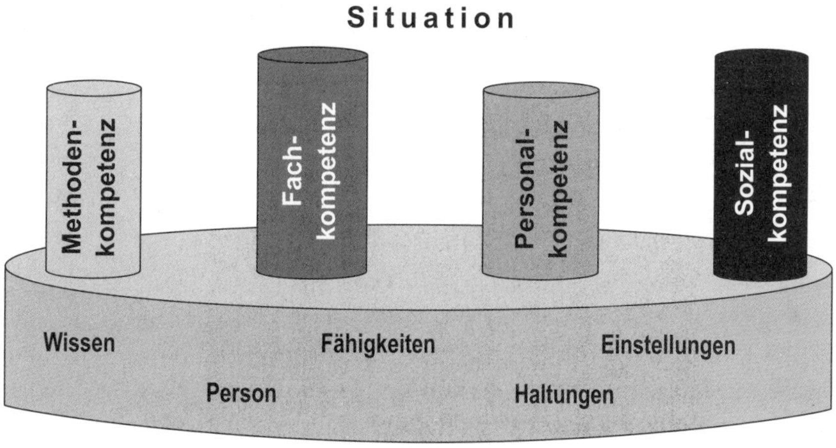

Was sind soziale Kompetenzen?

„Soziale Kompetenz bezieht sich auf alle Fertigkeiten, die für ein zufriedenstellendes Zusammenleben erforderlich sind. Solche Fertigkeiten setzen folgende Teilfertigkeiten voraus:

- eine differenzierte soziale Wahrnehmung,
- eine komplexe soziale Urteilsfähigkeit und
- ein umfassendes Repertoire an sozialen Handlungsweisen.

Die sozialen Fertigkeiten orientieren sich an den Anforderungen einer Situation, den Ressourcen und den persönlichen Bedürfnissen der Beteiligten, aber auch an gesellschaftlichen Normen. Soziale Fertigkeiten, zum Beispiel Durchsetzungsvermögen, Selbstsicherheit, Kontakt- und Kooperationsfähigkeit, dienen in der Entwicklung des Kindes und Jugendlichen dazu, den Betroffenen einen akzeptablen Kompromiss zwischen sozialer Anpassung und persönlichen Bedürfnissen zu ermöglichen.“ (Jugert u. a. 2009, S. 11)
Wesentlich ist hierbei, dass sich diese Fertigkeiten im Laufe der menschlichen Entwicklung ausdifferenzieren und wachsen (oder im Negativfall eben auch nicht) und eine Erweiterung dahingehend getroffen werden muss, dass über die bloße Existenz sozialer Fertigkeiten hinaus auch deren situationsadäquate Anwendung notwendigerweise im Kompetenzbegriff impliziert ist. „Sozial kompetent verhält sich, wer die verfügbaren Fertigkeiten flexibel, aufgaben- und situationsangemessen einzusetzen versteht.“ (Jugert u. a. 2009, S. 13)
Es geht also immer um ein Können und zugleich auch Wollen sozialverträglichen Verhaltens. Auch Böttcher/Lindart differenzieren soziale Kompetenz und kompetentes Verhalten auf dreifache Weise:

- „Soziale Kompetenz ist die Gesamtheit des Wissens, der Fähigkeiten und Fertigkeiten einer Person, die die Qualität eigenen Sozialverhaltens – im Sinne der Definition sozial kompetenten Verhaltens – fördern. Soziale Kompetenzen liegen also im Verborgenen und wirken im Sinne eines Potenzials für kompetentes Verhalten.
- Sozial kompetentes Verhalten ist das Handeln einer Person, das in einer spezifischen Situation dazu beiträgt, die eigenen Ziele zu verwirklichen, wobei gleichzeitig die soziale Akzeptanz des Verhaltens gewahrt wird.
- Sozial kompetentes Verhalten findet somit immer in konkreten Situationen statt, es ist unter anderem – und wohl auch wesentlich – abhängig von der sozialen Kompetenz, über die ein Mensch verfügt. Und die ist entwicklungsfähig.“ (Böttcher/Lindart 2009, S. 14)

Zudem weisen Forschungsbefunde darauf hin, dass ein sozial kompetentes Verhalten wohl in entscheidendem Maße auf einer hohen emotionalen Kompetenz, also der Fähigkeit, Gefühle für andere zu entwickeln, basiert (vgl. Petermann & Wiedebusch 2008) und zudem in seiner Anwendung mit großer Beliebtheit bei Gleichaltrigen einhergeht (vgl. Eisenberg u. a. 2002).
„Um emotional kompetent zu sein, muss eine Person also zunächst wahrnehmen, dass eine Emotion erlebt wird und deren Valenz (positiv oder negativ) erkennen. Sie muss zudem ihr emotionales Erleben innerhalb der Grenzen der emotionalen Skripte einordnen, die im fortlaufenden sozialen Kontext aktiv

sind. Weiterhin muss sie verstehen, dass innere und äußere emotionale Zustände voneinander abweichen können. Als nächstes muss sie ihr emotionales Erleben regulieren, wenn sich das Vorhandensein oder Nichtvorhandensein eines Emotionsausdrucks und -erlebens störend auf ihre Ziele auswirken würde – wenn Emotionen z. B. schmerzlich, positiv, aber überwältigend sind, oder aus intra- oder interstrategischen Gründen verstärkt werden müssen. Emotionsregulation kann emotional, kognitiv oder handlungsbezogen erfolgen." (Jugert u. a. 2009, S. 17)
Es geht letztlich darum, sich der eigenen Emotionen im jeweiligen Handlungskontext bewusst zu werden und zugleich zu erkennen, in welcher Form eine Regulation dieser Emotionen vonnöten ist. Dementsprechend gilt es, sich aus dem Augenblick heraus ein Regulationsziel zu setzen und dieses auch stringent anzugehen, um die eigene emotionale Befindlichkeit in die richtige Richtung zu lenken.
„Aufgrund der Wechselwirkung von emotionaler und sozialer Kompetenz ist davon auszugehen, dass eine Förderung der verschiedenen Bereiche emotionaler Kompetenz sich positiv auf das Sozialverhalten von Kindern oder Jugendlichen auswirkt und in der Folge negativen Entwicklungen vorgebeugt werden kann. Zu den Bereichen, deren Förderung sich positiv auf die soziale Kompetenz und hemmend auf Verhaltensprobleme auswirkt, gehören beispielsweise Emotionswissen und -erleben (u. a. Wahrnehmung, Erkennen und Benennen eigener und fremder Gefühle), Emotionsregulation (Steuerung eigener Gefühle) und Empathie (Domitrovich, Cortes &Greenberg 2007; Eisenberg et al. 2005; Fraser et al. 2005; Holsen, Smith & Frey 2008)." (Jugert u. a. 2009, S. 18)

Als lehrbare Kompetenzen, die als Fundament für ein gefestigtes Sozialverhalten gelten können, identifiziert die Arbeitsgruppe für schulisches, soziales und emotionales Lernen (Collaborative for Academic, Social and Emotional Learning, CASEL 2003) die folgenden:

1. „**Selbsterkenntnis**: wissen, was man fühlt und denkt; eine realistische Einschätzung der eigenen Fähigkeiten und ein fundiertes Selbstbewusstsein haben;
2. **Soziales Bewusstsein**: verstehen, was andere fühlen und denken; verschiedene Gruppen zu schätzen wissen und positiv mit diesen interagieren;
3. **Selbstmanagement**: mit den eigenen Emotionen so umgehen können, dass sie die Aufgabenbewältigung erleichtern statt behindern; sich Ziele setzen und diese erreichen; trotz Frustrationen und Rückschlägen nicht aufgeben;
4. **Beziehungsfertigkeiten**: gesunde und lohnende Beziehungen aufbauen und erhalten, basierend auf klarer Kommunikation und Kooperation, Widerstand gegenüber unangemessenem sozialen Druck, Aushandeln von Konfliktlösungen und bei Bedarf Einholen von Unterstützung.
5. **Verantwortungsvolle Entscheidungen treffen**: Entscheidungen treffen auf der Basis von genauer Berücksichtigung aller relevanter Faktoren und den wahrscheinlichen Konsequenzen alternativer Handlungswege, andere respektieren und Verantwortung übernehmen für die eigenen Entscheidungen." (Jugert u. a. 2009, S. 19, Kasten 4)

Die gesamte Ausprägung der Sozialkompetenz muss dabei auf einem gesunden Selbstvertrauen, einem Bauen auf die eigenen Fähigkeiten fußen. Nur wer selbstsicher auftritt, kann letztlich auch in der sozialen Interaktion das angemessene Verhalten zeigen. Selbstsicherheit artikuliert sich insbesondere darin, dass man im Kontakt mit anderen auch angemessen auf den eigenen Bedürfnissen besteht und diese in einem sozial verträglichen Ton äußert, dass man auch einmal „Nein" sagen kann und seine Gefühle angemessen ausdrückt sowie Kritik adäquat formuliert oder auch gegenüber der eigenen Person akzeptiert.

3 „Soziale Kinder lernen besser“ (Weidner 2005)

Kinder und Jugendliche sind heute einem gesellschaftlichen und sozialen Wandel unterworfen. Margit Weidner[2] beschreibt hier vor allem fünf Bereiche des Wandels:

- **Allgegenwart der Medien:** Ursprüngliche Sinneserfahrungen könnten damit in den Hintergrund geraten. Außerdem besteht die Gefahr, dass die medialen Eindrücke oft nicht verarbeitet sind.
- **Wertewandel:** Suche nach verbindlichen Werten und Normen, Überforderung und Belastung durch früh auftretende Lebensprobleme
- **veränderte Gesellschaft:** (Zu) Viele Erfahrungs- und Entwicklungsmöglichkeiten verunsichern und erfordern eine starke Individualisierung, die eine hohe persönliche, soziale und kommunikative Anforderung an den Einzelnen stellt.
- **veränderte Familienstrukturen:** Irritation durch Trennungen und Beziehungsbrüche in der Familie; mögliche Folgen: Kinder ziehen sich emotional zurück und haben ein geringes Selbstwertgefühl und Selbstbewusstsein.
- **veränderte Arbeitswelt:** Es herrschen weitgehend integrative Arbeitskonzepte vor, welche ein hohes Maß an Sozial- und Teamfähigkeit erfordern.

Nach Weidner sind Schulen „auf der Suche nach ‚pädagogischen Antworten‘ für die ‚neuen Kinder‘, die ein spürbar verändertes Lern- und Sozialverhalten zeigen.“ (Weidner 2005, S. 22)

Dass die fachliche und soziale Kompetenz von Schülern in engem Zusammenhang steht, zeigten die Ergebnisse einer Studie, dem sogenannten *Pathways Project* der Universität Illinois. Hierbei wurde der Frage nachgegangen, inwieweit das Sozialverhalten eines Kindes sein fachliches Lernverhalten beeinflusst. Die Ergebnisse erbrachten, dass die schulischen Leistungen entscheidend vom Verhältnis zu den Mitschülern abhängen. Kinder mit unsozialen Verhaltensweisen sind weniger in die Klassengemeinschaft einbezogen und haben häufiger Konflikte mit der Lehrkraft, wovon sich somit auch indirekt die schulischen Leistungen betroffen zeigen (vgl. Weidner 2005, S. 22, 23). Das Fazit der Untersuchung lautete: „Unsoziale Kinder lernen schlechter.“ (Glomp 1999)

Neuerdings haben sich viele Schulen auf den Weg gemacht, dem entgegenzuwirken und soziales Lernen und damit das Erlernen von Soft Skills als ein zentrales Anliegen schulischen Lernens zu sehen. Diese Schulen sehen soziale Kinder als Basis für gelingendes schulisches Lernen.

[2] Margit Weidner ist Regierungsschuldirektorin und diplomierte Pädagogin. Sie greift in ihren Publikationen auf die Erfahrungen aus ihrer Lehrtätigkeit an einer Schule zur Erziehungshilfe zurück. Um Lernsituationen interessanter zu gestalten und Störungen und Auffälligkeiten zu mindern, suchte sie nach methodischen Möglichkeiten und beschäftigte sich so mit kooperativen Lernsituationen, welche im besonderen Maße die Selbst- und Sozialkompetenz der Schüler fördern. Ihr Ansatz geht davon aus, dass soziale Kinder besser lernen.

Für die im Theorieteil dargestellten sozialen Kompetenzen und die jeweiligen Indikatoren werden im Folgenden Fördermaßnahmen bzw. Materialien für die Umsetzung in 6 Modulen beschrieben.

Wie kann ich beginnen? – Lernausgangslage bestimmen
Grundlegend ist das Modul 1 Diagnose „Life Skills“. Mit diesem können Sie die Lernausgangslage der Klasse, Lerngruppe oder auch des einzelnen Schülers bestimmen. Es können somit gezielt Fördermaßnahmen ausgewählt werden. Modul 1 bietet außerdem die Möglichkeit, einen Blick auf Ihren Unterricht zu werfen und zu reflektieren, inwiefern der gewählte Erziehungs- und Unterrichtsstil Ihren Schülern gerecht wird. Weiterhin sollen Eltern als Erziehungspartner informiert und miteinbezogen werden. Zusätzlich bieten die einzelnen Module Selbstcheck-Möglichkeiten.

Wie gehe ich vor? – Didaktische Verortung der Module
Die vorliegenden Module sollen bedarfsgerecht (der Lernausgangslage der Klasse und einzelner Schüler entsprechend) in den Schulalltag eingebaut werden. Es gibt daher keine vorgegebene Reihenfolge, jedoch werden Hinweise gegeben, wenn sich eine Verbindung anbietet. Die Förderbeispiele können in Unterrichtseinheiten, Projekten, Arbeitsgemeinschaften, Kooperationen mit anderen Klassen oder auch innerhalb von Schullandheimaufenthalten eingesetzt werden.

Wie kann ich meine Schüler unterstützen, Life Skills auszuprägen? – Fördermaßnahmen
Fördern soll innerhalb der Publikation immer auch als fordern verstanden werden. Im positiven Sinne sollen die Life Skills der Schüler systematisch gestärkt und unterstützt werden, um so zu einem automatisch zur Verfügung stehenden Handlungsrepertoire der Schüler zu werden. Hierbei sollen sich alle Schüler gefordert fühlen, innerhalb der Gemeinschaft zu einem sozial verträglichen Miteinander beizutragen.

Modul 1	Diagnose Life Skills *von Fähigkeiten ausgehend Kompetenzen stärken oder fördern*
Modul 2	Selbstkompetenz *Selbstwertgefühl – Selbstvertrauen – Wertschätzung – Selbstwirksamkeit – Selbstbeobachtung – Eigenverantwortung – Selbstdisziplin – meine Stärken und Schwächen*
Modul 3	Sozialkompetenz *Achtung – Anerkennung – Empathie/Perspektivenübernahme – Kompromissfähigkeit – Recht durchsetzen können – Menschenkenntnis – Kritikfähigkeit – Wahrnehmung – Toleranz – Respekt – Sprachkompetenz – Kommunikation – Teamfähigkeit*
Modul 4	Kommunikation und Kooperation *Kooperation – Konfliktfähigkeit – Kommunikationsfähigkeit – Miteinander lernen und leben – Problemlösekompetenz – Kompromisse eingehen*
Modul 5	Vorbild sein – Verantwortung übernehmen *Verantwortung – Fleiß – Flexibilität – Großmut – Konsequenz – Vorbildfunktion – Hilfsbereitschaft – Verlässlichkeit – emotionale Intelligenz – Engagement – Zivilcourage*
Modul 6	Programme zur Förderung von Life Skills *Informationen zu veröffentlichten Programmen*

1.1 Klassenklima

Ziele

- Ist-Stand des Klassenklimas eruieren, Fördermaßnahmen ableiten
- Elemente des Classroom-Managements bewusst für das Klassenklima nutzen
- Konstruktive Klassenatmosphäre und wertschätzende Haltung aufbauen

Didaktischer Ort/ Jahrgangsstufe

Zu Beginn jeder Jahrgangsstufe

Beschreibung der Maßnahme

Ein positives Klassenklima ist Voraussetzung dafür, dass sich Soft Skills bei den Schülern positiv entwickeln können. Gegenseitiges Vertrauen und Wertschätzung sind dabei die Basis. Deshalb sollen hier Maßnahmen vorgestellt werden, die es ermöglichen, sich ein Bild vom Klassenklima zu machen und somit bewusst Einzelfördermaßnahmen anzusetzen bzw. teilweise mit der ganzen Klasse an Themen sozialen Lernens zu arbeiten.

Voraussetzungen bei der Lehrkraft:

- Bewusstsein, dass das soziale Klima in der Klasse entscheidend ist, um Soft Skills zu entwickeln
- Bewusstsein, dass soziale Schüler besser lernen (s. Theoretischer Hintergrund)
- Bereitschaft, mit einzelnen Schülern bzw. der gesamten Klasse an einzelnen Soft Skills zu arbeiten

Analyse des Klassenklimas durch die Methoden Stimmungsbarometer und Soziogramm

Feedback über das Klassenklima und das soziale Gefüge in der Klasse kann man sich mit diesen beiden Methoden holen (s. KV). Beide Methoden helfen dabei, weitere Maßnahmen anzusetzen.

Welche **Möglichkeiten** haben Lehrkräfte, ein positives Klassenklima zu fördern? Viele Beispiele finden Sie dazu in den Modulen 2 bis 6. Hier sollen einige Beispiele angefügt werden:

Richtiger Umgang mit Lob und Tadel/Bestätigung und Korrektur von Schülerverhalten

✓ Generell sollte die Lehrkraft durch ihr allgemeines Verhalten im Umgang mit den Schülern zu erkennen geben, wo die jeweiligen Grenzen des Schülerverhaltens zu finden sind und welches Verhalten positiv gesehen wird. Diese grundsätzlich wertschätzende Haltung den Schülern gegenüber hat eine bedeutende Vorbildfunktion.

✓ Für richtiges Verhalten sollte eine Lehrkraft **großzügig Lob** verteilen (z. B. produktiver Beitrag zum Unterrichtsgespräch, effektive Gruppenarbeit, selbstbewusste Präsentation eines Projekts … etc.). Jedoch sollte das **Feedback** bei verbesserungswürdigem Verhalten auch gleich **konstruktive Kritik** beinhalten („Du könntest dir vornehmen, noch genauer zu recherchieren …“, „Du musst mehr auf deinen Vorredner eingehen …“ etc.).

- ✓ Hierfür ist es wichtig, Klassenregeln bzw. Gesprächsregeln oder auch Regeln für die Abläufe von Aufgabenstellungen (Referate, Projekte) aufzustellen, um Umgangsformen in der Klasse transparent zu machen und einer Beliebigkeit der Regeln entgegenzuwirken.

Positives Klassenklima und Lernen in der Klasse

- ✓ Haben die Lerninhalte für die Schüler Lebensbezug?
- ✓ Wie hoch ist die Schülerorientierung des Unterrichts?
- ✓ Sind die Schüler starkem Leistungsdruck ausgesetzt?
- ✓ Wie wird mit Leistung in der Klasse umgegangen?
- ✓ Wie wird mit Fehler machen in der Klasse umgegangen?
- ✓ Wird neben dem fachlichen Lernen dem sozialen Lernen Raum gegeben?
- ✓ Welche Möglichkeiten werden Schülern gegeben, Life Skills zu entwickeln?

Regelmäßige Klassengespräche (soziale Stunde, Klassenrat)

- ✓ z. B. einmal wöchentlich am Ende der Woche
- ✓ Anberaumen von genügend Zeit (v. a. bei den anfänglichen Diskussionen über Gewalt)
- ✓ ggf. Einbeziehen des Verbindungslehrers oder anderer Experten in die Klassenversammlung

Es ist in jedem Fall förderlich, wenn alle in der Klasse unterrichtenden Lehrer Einblick in das Klassenklima der jeweiligen Klasse bekommen und Maßnahmen gemeinsam entwickelt werden können.

Bezug zu weiteren Maßnahmen

1.3 Reflexion des Erziehungs- und Unterrichtsstils der Lehrkraft/der Lehrkräfte in der Klasse

Kopiervorlagen

KV 1 Methode „Stimmungsbarometer“
KV 2 Methode „Soziogramm“
KV 3 Klassenfragebogen

Methode „Stimmungsbarometer“

Ziel:

- Diese Methode eignet sich gut, um die momentane Stimmung innerhalb einer Klasse einzufangen und für alle transparent zu machen.
- Störungen innerhalb der Klasse, die sich auf das Klassenklima auswirken, können bewusst gemacht werden.

Einsatzmöglichkeit:

Die Methode kann von einer Lehrkraft durchgeführt werden.

Vorgehensweise:

- Die Lehrkraft zeigt den Schülern die Abbildungen Sonne, Nebel und Gewitterwolken und verdeutlicht, dass diese Bilder für Stimmungen stehen.
- Sie fordert die Schüler auf, ihr Stimmungsbild das Klassenklima betreffend abzugeben, indem sie mit einem Marker einen Punkt auf eines der Bilder malen.

Alternative Vorgehensweise:

Man kann im Klassenzimmer an einer fiktiven Linie die Karten mit den Ziffern 1 bis 10 auslegen. Sie verdeutlichen: 10 = besonders positive Stimmung, 1 = negative Stimmung.
Die Schüler stellen sich an dieser Linie entlang nach ihrer Einschätzung auf.

1 2 3 4 5 6 7 8 9 10

schlechte Stimmung — gute Stimmung

Auswertung:

- Die Ergebnisse werden diskutiert. Einzelne Nachfragen können nochmals verdeutlichen, warum manche Schüler an bestimmten Stellen stehen.
- Die Lehrkraft moderiert und lässt besonders die Schüler zu Wort kommen.
- Bei einem Negativbild müssen einzelne Maßnahmen, eventuell Einzelgespräche angeschlossen werden.
- Lösungsvorschläge können von der Klasse mit entwickelt werden.
- Die Übung kann nach einiger Zeit und weiteren Maßnahmen wiederholt werden.

Methode „Soziogramm“

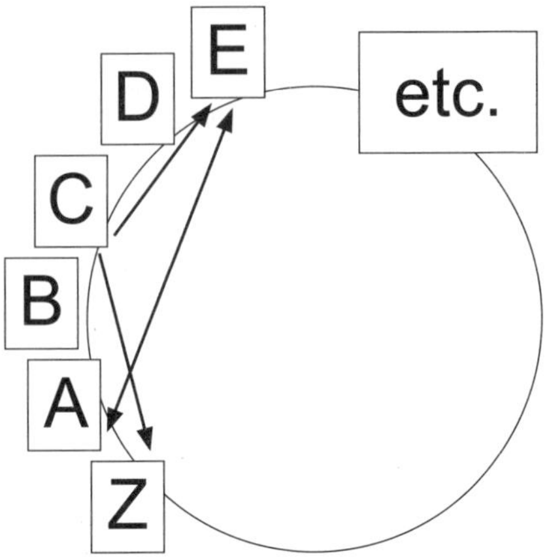

Ziel:
- Erfassung und Visualisierung der sozialen Struktur einer Klasse
- Aufdecken von Handlungsbedarf
- Entwicklung von personenbezogenen Lösungen

Einsatzmöglichkeit:
Die Methode sollte von der Klassenlehrkraft ein- und durchgeführt werden. Jede Klasse besteht aus offenen und verdeckten Beziehungen. Diese können durch persönlich gestellte Fragen aufgedeckt und analysiert bzw. interpretiert werden.

Vorgehensweise:
Der soziogrammbasierte Prozess besteht aus drei Phasen:

1. **Messung**
   Jeder Schüler füllt den unten angefügten Fragebogen anonym aus. Ein bis drei Namen aus der Klasse sollen genannt werden.
2. **Visualisierung**
   An einem Kreis entlang werden alle Schülernamen in gleichem Abstand angebracht. Nennt Schüler A den Schüler B, so wird ein Pfeil von Schüler A nach B angebracht usw.
   Durch die Visualisierung werden die Beziehungsgeflechte geklärt und Handlungsbedarf wird aufgedeckt. Die Negativfrage 4) kann mit einer anderen Farbe eingetragen werden.
3. **Interpretation**
   Das soziale Gefüge innerhalb der Klasse wird analysiert und Handlungsbedarf, z. B. bei mehrfach negativen Nennungen oder isolierten Schülern mit keiner Nennung, wird offengelegt. Weitere Maßnahmen werden initiiert.

....

Soziogramm Name: ______________________

Bitte nenne jeweils ein bis drei Namen.

1) Neben wem möchtest du am liebsten sitzen?

____

2) Mit wem arbeitest du am liebsten zusammen?

____

3) Mit wem triffst du dich am Nachmittag?

____

4) Mit wem möchtest du nicht zusammen sein?

____

Klassenfragebogen

Bitte kreuze an, was für dich zutrifft und sei dabei so ehrlich wie möglich!

Geschlecht: ☐ Mädchen ☐ Junge

Klasse: ☐ **5** ☐ **6** ☐ **7** ☐ **8** ☐ **9** ☐ **10**

1. Wie gern gehst du in die Schule?

5	4	3	2	1

sehr gern — äußerst ungern

2. Wie fühlst du dich in deiner Klasse?

5	4	3	2	1

sehr gut — sehr schlecht

3. Was denkst du, wie dich deine Klassenkameraden mögen?

☐ Die Mitschüler mögen mich alle sehr.
☐ Die meisten Mitschüler mögen mich.
☐ Einige mögen mich, einige nicht.
☐ Ich bin eher unbeliebt.
☐ Die Mitschüler beachten mich überhaupt nicht.

4. Hast du Freunde in deiner Klasse?

☐ Ja, ________ Freunde.
☐ Nein.

5. Was gefällt dir besonders gut in deiner Klasse?

____

6. Gibt es in deiner Klasse Außenseiter, die von den anderen Schülern gemieden/verspottet werden?

☐ Ja, ungefähr ______ Mitschüler.
☐ Nein.

7. In welchem Maße stimmst du folgender Aussage zu: „Ich kann in meiner Klasse alles sagen, was ich möchte, ohne von Mitschülern ausgelacht/verspottet zu werden."

5	4	3	2	1

stimme voll zu — stimme überhaupt nicht zu

8. Was sollte in deiner Klasse unbedingt geändert werden?

____

____

9. **Überlege, wie häufig die folgenden Aussagen auf deine Klasse zutreffen.**

Mitschüler werden in meiner Klasse ausgelacht.

5	4	3	2	1

sehr oft — nie

Mitschüler sprechen hintenherum schlecht über Klassenkameraden.

5	4	3	2	1

sehr oft — nie

Es gibt Mitschüler, mit denen niemand redet.

5	4	3	2	1

sehr viele — keine

Es gibt Mitschüler, mit denen niemand zusammenarbeitet.

5	4	3	2	1

sehr viele — keine

In der Pause gibt es Mitschüler aus meiner Klasse, die bei den anderen nicht mitmachen dürfen (z. B. Pausenspiele, Gespräche).

5	4	3	2	1

sehr viele — keine

Mitschüler werden körperlich belästigt (schubsen, schlagen etc.).

5	4	3	2	1

sehr oft — nie

Mitschülern werden Schulsachen und/oder Kleidung weggenommen.

5	4	3	2	1

sehr oft — nie

Mitschüler werden gezwungen, Geld oder andere Dinge abzugeben, damit sie in Ruhe gelassen werden.

5	4	3	2	1

sehr oft — nie

Mitschüler verbreiten über andere Gerüchte/Lügen und machen sie schlecht.

5	4	3	2	1

sehr oft — nie

Mitschüler werden von Klassenkameraden nachgeäfft (Stimme, Lachen, Mimik, Gesten, Gang usw.).

5	4	3	2	1

sehr oft … nie

Mitschüler werden immer wieder gezwungen, vor anderen Dinge zu tun, die ihnen peinlich sind.

5	4	3	2	1

sehr oft … nie

Mitschüler machen sich über die Familie von Klassenkameraden lustig.

5	4	3	2	1

sehr oft … nie

Mitschüler machen sich über die Religion von Klassenkameraden lustig.

5	4	3	2	1

sehr oft … nie

Mitschüler machen sich über das Aussehen oder die Kleidung von Klassenkameraden lustig.

5	4	3	2	1

sehr oft … nie

Mitschüler rufen Klassenkameraden Schimpfworte nach.

5	4	3	2	1

sehr oft … nie

Mitschüler belästigen Klassenkameraden sexuell.

5	4	3	2	1

sehr oft … nie

Wenn du bei einer oder mehreren der Aussagen im Kasten 5 oder 4 angekreuzt hast, dann beantworte bitte auch noch folgende Fragen:

10. Wie lange finden diese Handlungen schon statt?

- ☐ weniger als ein Monat
- ☐ ein bis drei Monate
- ☐ drei bis sechs Monate
- ☐ länger als sechs Monate

11. Wie viele Personen sind beteiligt?

☐ eine Person ☐ mehrere Personen ☐ die ganze Klasse

1.2 Systematische Schülerbeobachtung

Ziel

Einzelne Schüler bei der Entwicklung von Soft Skills gezielt unterstützen

Didaktischer Ort/Jahrgangsstufe

- In jeder Klassenstufe möglich
- Zeitweise oder über ein Schuljahr hinweg

Beschreibung der Maßnahme

Systematische Schülerbeobachtung ermöglicht eine differenzierte Wahrnehmung der Schüler. Mit einer individuellen Schülerbeobachtung können innerhalb eines Beobachtungszeitraums Indikatoren für Kompetenzen einzelner Schüler beobachtet werden. Diese Beobachtungen können wiederum in die weitere Unterrichtsplanung einfließen.

Somit kann auch eine Zielüberprüfung durchgeführt werden. Aufzeichnungen der Beobachtungen zu mehreren Zeitpunkten ermöglichen schließlich eine fundierte Interpretation des Verhaltens, daraus können die Fördermaßnahmen entwickelt werden. Die Einzelbeobachtung ist besonders bei Schülern mit erhöhtem Förderbedarf einzusetzen.

Diese Aufzeichnungen können auch als Grundlage für ein Elterngespräch dienen. Man kann hierbei auf die gezeigten Verhaltensweisen, aber auch auf die Fördermaßnahmen Bezug nehmen.

Kopiervorlagen

KV 4: Beobachtungsbogen

Beobachtungsbogen – Beispiel

Name des Schülers	Beobachtetes Verhalten	Ideen für Fördermaßnahmen
	(Was sagt der Schüler / Was macht der Schüler) ohne Wertung und Interpretation möglichst mit Datum	
Selbstkompetenz		
• eigene Stärken und Schwächen kennen • Selbstwahrnehmung • Gefühle zeigen und ausdrücken • sich präsentieren • … • …	26.9. Max hat beim Referieren immer die Hände in den Hosentaschen.	eine Einführung in Grundlagen der Rhetorik anbieten (z. B. Literatur oder schuleigener Kurs)
Sozialkompetenz		
• Selbst- und Fremdwahrnehmung • Klassenregeln • Gesprächsregeln • Empathie • … • …	28.9. Max hält sich nicht daran, dass andere aussprechen dürfen. Er ruft dazwischen.	auf Gesprächsregeln hinweisen, ihn diese mündlich wiederholen lassen
Kommunikation und Kooperation		
• Gesprächsverhalten • Konfliktverhalten • Zusammenarbeit • … • …	30.9. Max geht bei der Gruppenarbeit nicht auf die anderen Schüler ein. 30.9. Max kann bei der Präsentation der Gruppenarbeit nicht warten. Er drängt sich vor.	gezielte Zuweisung seiner Rolle beim Präsentieren, z. B. durch verteilte Rollen des kooperativen Lernens
Vorbild sein – Verantwortung übernehmen		
• Verantwortung übernehmen • … • …	2.10. Max ignoriert den lautstarken Streit zweier Klassenkameraden und verlässt den Ort des Geschehens möglichst schnell.	gezielte Information über die Notwendigkeit des Hinsehens (Aufbau von Werten und Haltung) und ggf. Zurateziehens einer Lehrkraft

Zusätzliche Bemerkung:

Elterngespräch hat stattgefunden am:

Zielvereinbarung:

Beobachtungsbogen

Name des Schülers	Beobachtetes Verhalten	Ideen für Fördermaßnahmen
	(Was sagt der Schüler / Was macht der Schüler) ohne Wertung und Interpretation möglichst mit Datum	
Selbstkompetenz		
• eigene Stärken und Schwächen kennen • Selbstwahrnehmung • Gefühle zeigen und ausdrücken • sich präsentieren • … • …		
Sozialkompetenz		
• Selbst- und Fremdwahrnehmung • Klassenregeln • Gesprächsregeln • Empathie • … • …		
Kommunikation und Kooperation		
• Gesprächsverhalten • Konfliktverhalten • Zusammenarbeit • … • …		
Vorbild sein – Verantwortung übernehmen		
• Verantwortung übernehmen • … • …		
Zusätzliche Bemerkung: **Elterngespräch hat stattgefunden am:** **Zielvereinbarung:**		

1.3 Reflexion des Erziehungs- und Unterrichtsstils der Lehrkraft / der Lehrkräfte in der Klasse

Ziele

- Umgang mit Leistung in der Klasse reflektieren
- Erziehungs- und Unterrichtsstil reflektieren
- Mit Sozialformen Life Skills in der Klasse unterstützen

Beschreibung der Maßnahme

In der Sekundarstufe wird eine Klasse von mehreren Lehrern unterrichtet. Deshalb wäre es besonders wichtig, über den Umgang mit Leistungsrückmeldung, den Erziehungs- und Unterrichtsstil bzw. auch über die im Unterricht integrierten Sozialformen und Methoden Absprachen zu treffen. Hier könnte z. B. ein *schulinternes Methodencurriculum* entstehen, welches das Repertoire an Methoden in jeder Jahrgangsstufe aufzeigt und abrufbar macht. Diese Absprachen helfen Schülern, sich eindeutig verhalten zu können.
Für die 5. Jahrgangsstufe wäre es hier auch wichtig, auf anschlussfähige Erziehungs- und Bildungsprozesse zu achten, indem man auf das Ritual-, Regel- und Methodensystem zurückgreift, welches die Schüler aus der Grundschule kennen. Schüler können somit auf Vertrautes zurückgreifen und auf ihre erlernten Fertigkeiten und Fähigkeiten vertrauen.

Lern- und Leistungskultur

Schüler wollen in der Regel lernen und zeigen, dass sie etwas leisten können. Um die Lernfreude und Leistungsbereitschaft zu erhalten und zu unterstützen, brauchen Schüler Rückmeldung und Vertrauen in ihre eigenen Fähigkeiten. Ein Unterricht, der die Schüler in ihren Leistungen fördert, aber auch fordert, der ihnen Rückmeldung über ihre gezeigten Leistungen gibt, der Lob und Anerkennung zur Sprache bringt und gleichzeitig Fehler in wertschätzender Atmosphäre korrigiert und auch die erbrachten Leistungen schätzt und würdigt, zeigt den Schülern klare Ziele auf und ermutigt sie, Leistung zu zeigen. Vor allem nach Misserfolgen brauchen Schüler Ermutigung und müssen unterstützt werden, aus ihren Schwächen zu lernen, damit das Selbstkonzept nicht leidet (vgl. Bayerischer Lehrplan für Grundschulen, S. 10). Alternative Formen der Leistungsfeststellung, wie z. B. Präsentationen, Experimente zeigen, Plakate präsentieren, Projekte vorstellen, ermöglichen es Schülern, nicht nur schriftlich Leistung zu zeigen. Schülern, die im Mündlichen ihre Stärken haben, kann hierbei positive Leistungsrückmeldung gegeben werden.

Die Entwicklung der Selbstkompetenz der Schüler, vor allem des bewussten Umgangs mit eigenen Stärken und Schwächen, wird in einem Unterricht begünstigt, der mit Schülerleistungen in einer vertrauensvollen Atmosphäre wertschätzend umgeht und mit Feedbacksystemen arbeitet.

Erziehungs- und Unterrichtsstil

Schüler brauchen ein transparentes Regelsystem, um sich daran halten zu können. Hierbei sind zum einen Verhaltensregeln gemeint, die am besten gemeinsam erarbeitet werden sollten und damit für die Klasse eine Bedeutung haben. Wenn diese Regeln offen im Klassenzimmer einsehbar sind, können sich alle Lehrkräfte der Klasse darauf berufen. Beim Festlegen der Regeln sollte man gleichzeitig Maßnahmen bei Regelverstößen zusammen mit den Schülern besprechen.

Eindeutige Richtlinien für Leistungsanforderungen geben den Schülern zudem Sicherheit darin, zu wissen, was die jeweilige Lehrkraft fordert. Hiermit sind klare Aufgabenstellungen, Nachfragemöglichkeiten in einer vertrauensvollen Atmosphäre und auch Rückmeldungen zu erbrachten Leistungen gemeint.

Sozialformen
Unterricht, der Life Skills fördern will, greift neben Individualisierungsmöglichkeiten auf gemeinsames Lernen zurück. Hier ist es günstig, den Schülern Methoden anzubieten, die eine Zusammenarbeit erfordern (s. dazu auch „Methoden des kooperativen Lernens“). Gruppenarbeiten lassen es zu, dass Schüler ihre eigene Meinung vertreten müssen, ihr Wissen beisteuern, aber auch am Wissen anderer teilhaben können. Zudem trainieren die Schüler hier ihre Kommunikationsfähigkeit wie auch die Kompetenz, Konflikte zu lösen und Kompromisse einzugehen. Das Erleben des einzelnen Schülers, zu einem Gruppenergebnis beitragen zu können, stärkt das Selbstbewusstsein und das Erleben von sich in einer Gemeinschaft.

Wie Sozialformen die Entwicklung von Life Skills fördern können:
- ✓ Schüler sind selbsttätig; aktives und entdeckendes Lernen wird gefördert → Schüler erkennen ihre **Selbstwirksamkeit**.
- ✓ Förderung der **Selbsteinschätzung** im Bereich der Arbeitshaltung, Kooperation, Kommunikation
- ✓ **Aneignung von individuellen und kollektiven Lernstrategien und Arbeitstechniken**

Folgende Fragestellungen könnten für Ihre persönliche Reflexion hilfreich sein:
- ✓ Wie gebe ich den Schülern Feedback über ihre Leistungen?
- ✓ Wie ermutige ich Schüler, Leistung zu zeigen?
- ✓ Wie unterstütze ich Schüler bei Fehlern/Schwächen?
- ✓ Verhalte ich mich klar in meinem Erziehungsstil?
- ✓ Kommuniziere ich Regeln klar?
- ✓ Kommuniziere ich Leistungsanforderungen klar?
- ✓ In welchen Situationen können mich einzelne Schüler ansprechen, um Nachfragen zu stellen und persönliche Rückmeldung zu bekommen?
- ✓ Welche Sozialformen in meinem Unterricht fördern die Sozialkompetenz/Life Skills meiner Schüler?
- ✓ Welche gewählten Methoden lassen die Entwicklung von Selbst-/Sozialkompetenz, von Kommunikations- und Kooperationsfähigkeit sowie von Verantwortungsübernahmekompetenz entstehen?

Bezug zu weiteren Maßnahmen

1.1 Klassenklima
3.1 Soziale Kompetenzen durch kooperative Lernformen und einen Sozialzielekatalog fördern
3.3 Klassenregeln

Kopiervorlagen

KV 1 Stimmungsbarometer
KV 13 Methoden des kooperativen Lernens
KV 16 Klassenregeln

1.4 Eltern als Erziehungspartner

Ziele

- Information der und durch die Eltern
- Regelmäßiger Kontakt
- Offene Türen
- Kooperation

Beschreibung der Maßnahme

Um **anschlussfähige Erziehungs- und Bildungsprozesse** für Schüler zu gestalten, ist es notwendig, Eltern als Erziehungspartner aktiv in Erziehungsprozesse einzubeziehen. Eine echte Erziehungspartnerschaft kann nur dann gelingen, wenn Lehrkräfte und Eltern sich gegenseitig wertschätzen und die Kompetenzen des anderen anerkennen. Eltern kennen ihre Kinder länger und in anderen Situationen als Lehrkräfte. Dies kann oft hilfreich sein, wenn es um die Persönlichkeitsentwicklung der Schüler geht.
Es ist deshalb eminent wichtig, die Schülereltern in Form einer Erziehungspartnerschaft mit ins Boot zu holen und zu ihnen gute Kontakte herzustellen.

Schülereltern sollten das gemeinsame Bestreben um eine umfassende Persönlichkeitsentwicklung durch die Förderung von Soft Skills in hohem Maße unterstützen und der Schule gegenüber generell eine positive Einstellung gewinnen können. Dies ist sicherlich nicht immer ein einfaches Unterfangen, darf den einzelnen Lehrer aber nicht entmutigen. Vielmehr bedarf es einer Haltung des guten Willens und des langen Atems.

Immer wieder sollte die Gelegenheit zu **regelmäßigen gemeinsamen Kontakten** gesucht werden (z. B. Informationsveranstaltungen über Geplantes und Expertenreferate für Eltern, gemeinsame Absprachen etc.), um vertrauensbildend auf die Eltern einzuwirken und deren Informationsstand zu erhöhen. Unvoreingenommenheit und Akzeptanz auch völlig andersartiger Elternmeinungen sind hierbei ebenso wichtig wie das Bewahren einer ruhigen Gesprächshaltung sowie ein aktives Zuhören, wenn sich Eltern dem Lehrer gegenüber öffnen und ihre eigenen Probleme schildern wollen. Eine Schuldzuweisung für das Verhalten des Kindes gegenüber den Eltern verbietet sich hierbei ebenso wie Ratschläge, wie Eltern mit der Problematik umzugehen hätten. Vielmehr muss die gemeinsame Suche nach Lösungen (mit möglichst wenigen und konkreten Schritten) im Vordergrund stehen, wobei der Lehrer als professioneller Berater immer nur Vorschläge machen kann, wenn die Eltern von sich aus keine konstruktiven Ansätze zeigen oder dies ausdrücklich wünschen. Die Umsetzung des Besprochenen freilich muss er dem guten (freien) Willen der Eltern überantworten.

Mögliche Formen der Kooperation mit Eltern:

- ✓ regelmäßige **Informationsabende** (KV 5) zum Thema Life Skills (z. B. einmal im Jahr)
- ✓ Aufbau des Selbstvertrauens des eigenen Kindes, z. B. durch ein Körpertraining (Teilnahme an Sport oder anderweitigen Aktivitäten)
- ✓ positiv begleitende und ermutigende, aber nicht überbehütende Erziehung
- ✓ Angebot des persönlichen Kontakts mit der Lehrkraft

Kopiervorlagen

KV 5 Informationsabend: Life Skills – Persönlichkeitsentwicklung stärken
KV 6 Elterngespräch

Informationsabend

Life Skills – Persönlichkeitsentwicklung stärken

Vorbemerkung:

- Moderation durch Klassenlehrkraft, Beratungslehrkraft oder Schulleitung
- eventuell Schulpsychologen als externen Referenten dazu einladen
- Detaillierte Informationen zu den Inhalten finden Sie in Kapitel I „Theoretischer Hintergrund“.
- Schülerfragebogen (KV Klassenfragebogen) im Vorfeld durchführen und auswerten

	Inhalte
Begrüßung **Einleitung**	**„Soft Skills“ – im Kontext von Gesellschaft und Schule** **Ziele der Schule im Bereich „Soft Skills“**
Grundlagen: Was Sie über „Soft Skills“ wissen müssen	**Was sind „Life Skills“ / Was sind „Soft Skills“?** Mit dem Begriff Soft Skills werden Kompetenzen bezeichnet, die langfristig und berufsübergreifend anwendbar sind. Solche Schlüsselkompetenzen hängen stark mit persönlichen Eigenschaften und Verhaltensweisen zusammen. In Verbindung mit den sogenannten Hard Skill, d. h. fachlichen Kenntnissen und Qualifikationen, bilden sie die berufliche Handlungskompetenz einer Person. **Wie erkennt man, dass jemand sozial kompetent ist?** • Einfühlungsvermögen • Teamfähigkeit • Konfliktfähigkeit / Konfliktmanagement • Durchsetzungsvermögen • Überzeugungskraft **Was sind (soziale) Kompetenzen?** (s. Kapitel I „Theoretischer Hintergrund“) **Soziale Kinder lernen besser** (s. Kapitel I „Theoretischer Hintergrund“)
Vorstellen der Schülerbefragung	KV 3 Klassenfragebogen auswerten Ergebnisse vorstellen
Handlungsfelder für die Schule und die Eltern aufzeigen	**Welche „Life Skills“ werden an unserer Schule / in unserem Unterricht gefördert?** • Selbstkompetenz • Sozialkompetenz • Kommunikation und Kooperation • Vorbild sein – Verantwortung übernehmen • Programme zur Förderung **Wie können Eltern unterstützen?** • eindeutige Erziehungsmethoden und Regeln • Vertrauen in die Leistungen der Kinder • Eigenständigkeit der Kinder zulassen • Selbstbestimmung der Kinder unterstützen • positives Vorbild sein
Abschluss	**Gemeinsame Ziele betonen** **Eltern als Erziehungspartner gewinnen**

Elterngespräch

Der Rahmen eines Elterngesprächs	**Dauer:** Beratungsgespräch ca. 30 Minuten; Dauer zu Beginn festlegen **Raum:** keine Störungen, freundliche Atmosphäre, keine Tür-und-Angel-Gespräche **Platz:** nicht frontal gegenüber sitzen, sondern „übers Eck“ **Blickkontakt:** offen **Nähe und Distanz:** Finden des richtigen Abstands zum Gesprächspartner **Türöffner:** *„Erzählen Sie doch bitte mehr darüber.“, „Mögen Sie dazu noch mehr erzählen?“, „Ich verstehe …“*	
Gesprächsverlauf		**Raum für Ihre Bemerkungen**
Beginn	Kontaktaufnahme Begrüßung	
Artikulation des Gesprächsthemas	IST-Stand (hier könnte der Schülerbeobachtungsbogen hilfreich sein, s. KV 4) Gespräch über soziale Ziele in Zusammenhang mit Lernen und Leisten *„Ich möchte mit Ihnen über … sprechen.“*	
Zielvereinbarungen	Klärung der Absichten (z. B. Unterstützung bei den Eltern holen, mehr über Verhalten des Schülers herausfinden, gemeinsam Fördermöglichkeiten suchen) Ziele transparent machen, Zielabsprachen *„Unsere Ziele sind …“*	
Themenerörterung	Diskurs, Perspektivenwechsel, Klärung, Türöffner einsetzen	
Ergebnisfindung	Formulierung des Ergebnisses (z. B. Fördermaßnahmen für den Schüler) Annahme des Ergebnisses oder Modifizierung im Dialog *„Unser Ergebnis lautet …“*	
Absprachen	Weiterführung des Gesprächsanlasses „… und so geht es weiter …“	
Reflexion	Rückmeldung *„Das Gespräch war für mich …“*	
Gesprächsabschluss	ggf. Terminabsprachen Verabschiedung *„Das nächste Mal …“*	

Vgl. Miller 1997

2.1 Eigene Stärken und Schwächen kennen

Ziele

- Entwickeln eines positiven Selbstwertgefühls im Vertrauen auf die eigenen Stärken
- Offener Umgang mit eigenen Schwächen

Beschreibung der Maßnahme

Für jeden Menschen ist es zum Aufbau einer positiven Selbstidentität und Bejahung der eigenen Persönlichkeit ganz entscheidend, dass man sich über das Betonen der eigenen Stärken akzeptiert und hierüber auch mit möglichen eigenen Fehlern und Schwächen besser umgehen kann. Viel zu selten wird in unserer Gesellschaft nach genau diesen Stärken gesucht. Vielmehr werden diese stillschweigend vorausgesetzt oder aber wortlos zur Kenntnis genommen. Lieber wendet man sich den Schwächen des Einzelnen zu und kehrt diese gleichsam nach außen, was das Bild des Einzelnen erheblich verzerrt und einem positiven Selbstbild abträglich ist. Deshalb ist es wesentlich, dass Schüler systematisch lernen, zunächst genau diese positiven Seiten an sich zu erkennen und an die vorderste Stelle ihrer Persönlichkeitscharakteristika zu stellen. (Diese Suche nach den persönlichen Stärken lässt sich im Rahmen der Klassengemeinschaft selbstverständlich auch auf die Mitschüler übertragen, indem jeder Schüler einem Mitschüler sagt, was er besonders gut an ihm findet/besonders an ihm mag.)

In Form eines offenen Selbstchecks lässt sich dieser Prozess der Selbsterkenntnis bewusst vorantreiben und aktiv unterstützen. In einem weiteren Schritt ist es sodann möglich, sich gezielt eine positive Eigenschaft herauszusuchen und diese auch in einem Gesprächskreis vor der Klassengemeinschaft zu artikulieren.

Erst wenn das Erkennen dieser positiven Veranlagungen abgeschlossen ist, sollte man in einem nächsten Schritt daran gehen, auch nach eigenen Schwächen zu suchen und diese offen zu bekennen. Der bewusste und ehrliche Umgang mit vermeintlichen eigenen Fehlern kann so dazu führen, auch diese Seiten an sich zu akzeptieren bzw. an ihrer Optimierung zu arbeiten. Auch hier hilft einem das offene Feedback durch Mitschüler im Rahmen einer konstruktiven Klassengemeinschaft, wenn einem möglicherweise störende Eigenschaften mitgeteilt werden, verbunden mit Tipps zu ihrer Überwindung.

Kopiervorlagen

KV 7: Meine persönlichen Stärken und Schwächen

Meine persönlichen Stärken und Schwächen

Wenn ich meine eigene Person auf ihre Eigenschaften hin betrachte, fällt mir eine Reihe von positiven Fähigkeiten ein. Das kann ich besonders gut/das finde ich besonders toll an mir:

1. ______________________________

2. ______________________________

3. ______________________________

4. ______________________________

5. ______________________________

Am wichtigsten an mir ist mir folgende positive Eigenschaft:

____

Natürlich habe ich auch meine kleinen Fehler und Schwächen. So stört mich z. B. an mir Folgendes:

1. ______________________________

2. ______________________________

Durch folgende Vorsätze möchte ich versuchen, meine Schwächen zu beheben:

Zu 1. ______________________________

____

Tipps von Mitschülern: ______________________________

____

Zu 2. ______________________________

____

Tipps von Mitschülern: ______________________________

____

2.2 Gefühle wahrnehmen und ausdrücken können

Ziele

- Einen Wortschatz für Gefühle entwickeln
- Lernen, eigene Gefühle wahrzunehmen und ausdrücken zu können

Beschreibung der Maßnahme

Gefühle-Akrostichon

Die Schüler suchen mit der Methode **Akrostichon** möglichst viele Wörter, welche Gefühle ausdrücken (z. B. fröhlich, ängstlich, wütend). Um zahlreiche Ideen zu haben, bietet sich hier eine Gruppenarbeit an. Diese Wörter/Gefühle werden gegenseitig erklärt, anschließend sollen die Schüler überlegen, wie man sie pantomimisch darstellen kann.

Einzelne Gefühlswörter könnten auch noch mit kleinen skizzenhaften Bildern in Comics festgehalten oder es könnten auch Gefühlwörter gemalt werden. (Manche Schüler können sich besser bildnerisch ausdrücken als Pantomime spielen.)
Schließlich dürfen einzelne Schüler vorspielen. Die anderen erraten das dargestellte Gefühl.

Um diese Wörter im Kontext zu verwenden, könnte man die Schüler anschließend noch folgende Fragen beantworten lassen:

✓ „*Wann* bist du ...?“ (in welcher Situation)
✓ „*Wie* bist du dann?“ (Umgang mit Gefühl)
(vgl. Lehner et al. 2005, S. 83)

Weitere Möglichkeiten, Gefühle (Stimmungen) wahrzunehmen und auszudrücken:

✓ einen Satz in verschiedenen Stimmungen sprechen: Die anderen erraten, welche Stimmung ausgedrückt wurde, z. B.: „Ich gehe heute Nachmittag zu einem Fest.“
✓ Dinge sammeln, die einen traurig, wütend, glücklich etc. machen und vergleichen lassen: Welche Gemeinsamkeiten und Unterschiede sind zu finden? Wie gehen die Schüler mit negativen und positiven Gefühlen um?
✓ mit Mimik und Gestik Gefühle ausdrücken und erraten lassen

Kopiervorlagen

KV 8: Gefühle-Akrostichon

Gefühle-Akrostichon

1. Sucht Wörter, die Gefühle ausdrücken. Sie können den jeweiligen Buchstaben in der unten abgebildeten Reihe als Anfangsbuchstaben, als Endbuchstaben oder auch in der Mitte haben.

A
B
C
D
E
F
TRAURIG
H
I
J
K
L
M
N
O
P
Q
R
S
ENTTÄUSCHT
U
V
WÜTEND
X
Y
Z

2. Zeichnet oder malt einige Gefühle.
3. Überlegt, wie ihr einzelne Gefühle pantomimisch darstellen könnt und spielt sie anschließend der Klasse vor.

2.3 Selbst- und Fremdwahrnehmung

Ziele

- Präventive Maßnahme: Realistische Selbst- und Fremdwahrnehmung fördern
- Sich innerhalb der Klasse besser kennen und schätzen lernen

Beschreibung der Maßnahme

Diese Maßnahme beruht auf der Annahme, dass ein positives Klassenklima bzw. Schulklima auf einem **wertschätzenden Umgang miteinander** beruht. Nur wenn man sich und den anderen gut kennt, kann man den anderen einschätzen und wertschätzend miteinander umgehen. Beginnen kann man auf Klassenebene mit einer Diagnose des sozialen Gefüges, etwa in Form von Beobachtung, erkundendem Gespräch und Fragebogen oder aber durch die Erstellung eines **Soziogramms** in der Klasse.
Dieses Soziogramm kann dann Ausgangspunkt für weitere Fördermaßnahmen u. a. im Bereich der Selbst- und Fremdwahrnehmung sein.

Möglichkeiten der Förderung der Selbst- und Fremdwahrnehmung:
In diesem Kontext thematisiert Dambach (2009, S. 111) ein Verfahren, das den Prozess einer realistischen **Selbsteinschätzung** positiv voranbringen soll. Es wird im Folgenden modifiziert dargestellt.

- ✓ Hierzu schätzt sich jeder Schüler einer Klasse ein und erfährt umgekehrt, wie ihn Mitschüler einschätzen.
- ✓ Dafür kreuzt er zunächst auf dem Fragebogen (vgl. KV 9) an, wie er sich selbst sieht, und anschließend, wie er meint, dass ihn die Mitschüler sehen.
- ✓ Das macht er außerdem für zwei seiner Mitschüler (Lehrer teilt ein).
- ✓ Hinterher werden die Ergebnisse vom Lehrer in einer persönlichen Auswertung miteinander verglichen und in der Klasse allgemein diskutiert. Es besteht natürlich auch die Möglichkeit, die Ergebnisse mit den einzelnen Schülern zu besprechen.

Mit der **Talkshow** ist ein Verfahren (vgl. Dambach 2009, S. 108 ff.) gemeint, bei dem die Schüler vor der Klasse erzählen:

- ✓ Schüler berichten von ihrer Familie, Herkunft, Eltern und Geschwistern, persönlichen Stärken und Schwächen, persönlicher Angst, Freunden, idealen Mitschülern, Wohlbefinden in der Klasse etc.
- ✓ Hierdurch wird das gegenseitige Wissen übereinander positiv unterstützt und kann manches Fehlverhalten leichter zu verstehen und auch in der Folge zu unterbinden helfen.
- ✓ Wichtig ist hierbei, dass immer persönlichkeitsstarke Schüler mit der Selbstdarstellung beginnen.

Freundliche zehn Minuten:
Oft wird in der Klasse viel kritisiert, aber zu wenig positives Feedback gegeben. Deshalb empfiehlt es sich, ein Ritual einzuführen, das gezielt Raum gibt für eine wertschätzende und freundliche Kommunikation miteinander.

- ✓ In diesen zehn Minuten sagen die Schüler alles, was sie freut, was sie gut an ihren Mitschülern finden, was ihnen im Unterricht und an der Schule gut gefallen hat.
- ✓ Kritik und Beschwerden sollen hier bewusst ausgeklammert werden. Dafür ist der Gesprächskreis (Klassenrat) da.

- ✓ Die Schüler sprechen über Gutes und Freundliches und nehmen dieses auch entgegen und wahr.
- ✓ Beispielsätze können durch die Lehrkraft gegeben werden: „Heute hat mir besonders gut gefallen, dass…“ oder „Schön fand ich, dass Peter mir bei der Aufgabe geholfen hat, weil …“.

Mein Name – Mein Programm:
Die Schüler schreiben ein Akrostichon zum eigenen Namen (z. B. nur gute Eigenschaften/Stärken) oder ein Elfchen mit dem eigenen Namen (der eigene Name ist das erste Wort). Für die Fremdwahrnehmung schreiben sie ein Akrostichon oder ein Elfchen zum Namen eines Mitschülers.

Vorher – Nachher:
Zwei Partner sitzen sich gegenüber und schauen sich ganz genau an, ohne zu sprechen. Nach einem Signal drehen sie sich so, dass sie Rücken an Rücken sitzen. Jeder verändert eine Kleinigkeit an seinem Aussehen. Dann drehen sie sich wieder zurück, suchen die Veränderung aneinander und beschreiben diese.

Partner vorstellen:
Zwei Partner erzählen sich kurz eine kleine Geschichte (z. B. Wochenenderlebnis) und halten sich dabei an eine festgelegte Zeit (nicht mehr als ein bis zwei Minuten pro Erzählung). Jeder muss nun die gehörte Geschichte des anderen wiedererzählen.

Die magische Muschel:
Eine Muschel wird reihum weitergegeben. Jeder sagt, wenn er die Muschel hat, etwas Positives über sich selbst.

Auf dem neuen Planeten:
Alle Mitspieler überlegen sich passende Berufe für die anderen, stellen die Ergebnisse vor und begründen sie.

Spiegeln:
Körperhaltungen, Mimik oder Gestik des Partners werden gespiegelt.

Kopiervorlagen

KV 9: Fragebogen zur Selbst- und Fremdwahrnehmung
KV 2: Methode „Soziogramm“

Literatur-empfehlung

Bundeszentrale für gesundheitliche Aufklärung (BZgA): Achtsamkeit und Anerkennung. Materialien zur Förderung des Sozialverhaltens 5–9 (kostenlos online als pdf verfügbar). Köln: BZgA, 2006.

Fragebogen zur Selbst- und Fremdwahrnehmung

(vgl. Dambach 2009)

1. Schätze dich ein. (Farbe: Grün)
2. Schätze ein, wie dich deine Mitschüler sehen. (Farbe: Blau)
3. Schätze zwei deiner Mitschüler ein.

Ich bin	++	+	–	– –
fleißig				
intelligent				
ängstlich				
freundlich				
selbstbewusst				
einfühlsam				
ehrlich				
nervig				
unangenehm				
rechthaberisch				
aggressiv				
hilfsbereit				
gutmütig				
selbstständig				
langweilig				
cool				
verklemmt				
sportlich				
angriffslustig				
redegewandt				
verschlossen				
prahlerisch				
pessimistisch				
angepasst				
lustig				
verträumt				
naiv				
empfindlich				
einzelgängerisch				
angenehm				
egoistisch				
kräftig				

Name: ___________	++	+	–	– –
fleißig				
intelligent				
ängstlich				
freundlich				
selbstbewusst				
einfühlsam				
ehrlich				
nervig				
unangenehm				
rechthaberisch				
aggressiv				
hilfsbereit				
gutmütig				
selbstständig				
langweilig				
cool				
verklemmt				
sportlich				
angriffslustig				
redegewandt				
verschlossen				
prahlerisch				
pessimistisch				
angepasst				
lustig				
verträumt				
naiv				
empfindlich				
einzelgängerisch				
angenehm				
egoistisch				
kräftig				

Name: ___________	++	+	–	– –
fleißig				
intelligent				
ängstlich				
freundlich				
selbstbewusst				
einfühlsam				
ehrlich				
nervig				
unangenehm				
rechthaberisch				
aggressiv				
hilfsbereit				
gutmütig				
selbstständig				
langweilig				
cool				
verklemmt				
sportlich				
angriffslustig				
redegewandt				
verschlossen				
prahlerisch				
pessimistisch				
angepasst				
lustig				
verträumt				
naiv				
empfindlich				
einzelgängerisch				
angenehm				
egoistisch				
kräftig				

2.4 Selbstkompetenz entwickeln – Durchsetzungsfähigkeit ausbauen

Ziele

- Kennen und Entwickeln eigener Ziele
- Durchsetzen der eigenen Ziele auch gegen mögliche Widerstände (Durchhalten, Bestehen, Spannungen aushalten)
- Aufbau von Selbstwertgefühl

Beschreibung der Maßnahme

Um mit anderen dauerhaft konstruktiv zusammenarbeiten zu können, ist es zunächst wesentlich, an die eigenen Kompetenzen und Wirkmöglichkeiten zu glauben. Gezieltes Selbstlob ist in diesem Sinne als durchaus geeigneter Wirkfaktor eines gelingenden Persönlichkeitsaufbaus zu sehen. Zudem gilt es, aus einem gesunden Selbstvertrauen heraus die eigenen Ideale auch nachhaltig zu verfolgen. Damit ist nicht gemeint, immer und überall auf eigenen Zielstellungen zu beharren, seien sie auch noch so zweifelhaft. Vielmehr geht es beim Durchsetzungsvermögen darum, die eigene Meinung nicht vorschnell über Bord zu werfen und sich ohne Rückgrat dem Willen der anderen bedingungslos zu unterwerfen, nur um Auseinandersetzungen zu vermeiden. Auch muss vermieden werden, vorschnell aufzugeben, wenn einem selbst die Belastungen vermeintlich zu groß erscheinen bzw. der persönliche Aufwand zu hoch sein könnte.
Es gilt, derartige Prozesse, die vielfach mit einem hohen Energieaufwand verbunden sind, etwa wenn unpopuläre Entscheidungen zu treffen sind und die eigene Meinung dauerhaft vertreten bzw. gegen Widerstände verteidigt werden muss, auch wirklich durchzustehen. Widerstände können so neben dem sozialen Umfeld oder widrigen Rahmenbedingungen auch in der eigenen Person entstehen, wenn einen die Kräfte verlassen.

Das Ziel muss letztlich bleiben, die eigenen Ziele nachhaltig zu erreichen.
„Durchsetzungsfähige Menschen

- ✓ kennen ihre Ziele und verfolgen diese auch gegen Widerstände,
- ✓ vertreten ihre Meinung, auch wenn sie nicht von anderen geteilt wird,
- ✓ geben nicht bei ersten Problemen auf,
- ✓ sind ausdauernd und ‚bleiben am Ball‘,
- ✓ begegnen Konflikten konstruktiv und gehen ihnen nicht aus dem Weg,
- ✓ sind in der Lage, sich immer wieder selbst zu motivieren,
- ✓ können mit Spannungssituationen und Disharmonie umgehen,
- ✓ sind unabhängig von der Meinung anderer und
- ✓ sehen Probleme auf dem Weg zum Ziel als Herausforderung.“ (Böttcher/Lindart 2009, S. 104)

Als Übung ist es hierbei hilfreich, die Schüler in Gruppen zu bestimmten Pro-Kontra-Diskussionsthemen Argumente sammeln und gegen die Meinung der anderen vertreten zu lassen.
Im Anschluss daran sollte reflektiert werden, wie der jeweilige Diskussionsverlauf war und wie es einem persönlich ging, als man auf die Widerstände der anderen traf. Hieraus können Tipps abgeleitet werden, die es einem eher leicht gemacht haben, die eigene Meinung zu verteidigen, und woran man eventuell noch weiter arbeiten muss, um andere von etwas überzeugen zu können.

Kopiervorlagen

KV 10: Kompetenzcheck zur eigenen Durchsetzungsfähigkeit
KV 11: Tipps zur Steigerung der Durchsetzungsfähigkeit

Kompetenzcheck zur eigenen Durchsetzungsfähigkeit

	trifft voll zu					trifft nicht zu
Ich habe für mein Leben klare Ziele und Vorstellungen.	☐	☐	☐	☐	☐	☐
Wenn ich einen Entschluss gefasst habe, halte ich dessen Umsetzung auch durch.	☐	☐	☐	☐	☐	☐
Ich beginne selbstständig mit der Umsetzung meiner Ziele und warte hier nicht auf andere.	☐	☐	☐	☐	☐	☐
Ich bin bereit, die eigene Meinung auch gegenüber anderen laut und deutlich zu vertreten.	☐	☐	☐	☐	☐	☐
Meine Ziele und Bedürfnisse sind mir wichtig. Ich setze mich dafür ein.	☐	☐	☐	☐	☐	☐
Probleme sind für mich nichts, wovor ich zurückschrecke, sondern vielmehr etwas, was mich reizt und herausfordert.	☐	☐	☐	☐	☐	☐
Im Normalfall habe ich meine eigenen Ziele bisher alle erreicht.	☐	☐	☐	☐	☐	☐
Wenn ich mir ein Ziel gesetzt habe, strenge ich mich dafür auch besonders an und gebe nicht auf.	☐	☐	☐	☐	☐	☐
Wenn ich bei meinen Zielen auf Widerstand stoße, gebe ich trotzdem nicht gleich auf.	☐	☐	☐	☐	☐	☐
Ich schaffe es in der Regel, andere von meiner Meinung zu überzeugen.	☐	☐	☐	☐	☐	☐
Wenn ich mit anderen diskutiere, kann ich mich mit meiner Meinung oft durchsetzen.	☐	☐	☐	☐	☐	☐
Ich kann meinen Mitmenschen gegenüber klar meine Meinung äußern.	☐	☐	☐	☐	☐	☐
Ich stehe zu meiner Meinung, auch wenn viele anderer Meinung sind.	☐	☐	☐	☐	☐	☐
Wenn ich mit anderen diskutiere, wird mir oft recht gegeben.	☐	☐	☐	☐	☐	☐
Ich weiß, welche Stärken ich habe und wie ich sie richtig einsetzen kann.	☐	☐	☐	☐	☐	☐
Ich habe ein sehr gutes Selbstbewusstsein.	☐	☐	☐	☐	☐	☐

Das möchte ich mir in Zukunft noch besonders vornehmen:

____

____

____

Tipps zur Steigerung der Durchsetzungsfähigkeit

- Was möchtest du durchsetzen?
- Welche (gemeinsamen) Ziele verfolgst du?
- Welchen Nutzen hat dein Anliegen? Wie profitiert dein Diskussionspartner hiervon?
- Wie lauten deine Argumente? Überlege dir diese genau und suche anschauliche Beispiele dafür!
- Wenn du mehrere Argumente hast, beginne mit dem schwächsten und steigere dich im Gespräch durch die stärkeren Argumente!
- Welche Argumente könnte dein Gesprächspartner haben? Überlege dir Gegenargumente!
- Achte bei allen wichtigen Gesprächen darauf, dass der Ort des Gesprächs gut gewählt ist und du gut zu hören bist. Manchmal hilft es auch, im Stehen zu sprechen, um größer zu sein!
- Halte Blickkontakt!
- Sprich mit ruhiger, klarer Stimme!
- Wie merkst du, dass du dein Gesprächsziel erreicht hast? Was hörst du, fühlst du, siehst du?

2.5 Die eigene Meinung äußern

Ziele

- Die eigene Meinung vor anderen äußern können
- Auf eigenen Ansichten beharren und sie auch offen vertreten

Beschreibung der Maßnahme

Schüler sind in ihrem aktuellen wie auch späteren Lebenskontext (Familie, Freundeskreis, Schule, Beruf) permanent herausgefordert, ihre persönliche Meinung in den Kommunikationsprozess konstruktiv einzubringen und die Diskussion hierdurch zum einen zu bereichern, zum anderen aber auch eine feste Position zu beziehen und dies nach außen hin zu artikulieren. Hierfür kann es hilfreich sein, wenn sie im Rahmen der Klassengemeinschaft die Gelegenheit erhalten, sich zunächst in Form einer **Blitzlichtrunde** zu aktuell besprochenen Themenfeldern zu äußern. Es geht hierbei darum, den Mut zu entwickeln, sich vor einer Lerngemeinschaft zu den eigenen Gedanken, Emotionen, Standpunkten etc. laut zu bekennen und nicht durch andersartige Meinungen von seiner Denkweise abbringen bzw. darin verunsichern zu lassen. Gemeint ist hier kein Beharren um jeden Preis, das sich auch Sachargumenten gegenüber unnachgiebig zeigt, sondern ein Stehen zu den eigenen Idealen.

Eine derartige Blitzlichtrunde kann durchaus mit neutralen Sachthemen beginnen. Denkbar sind hier Gespräche über

- ✓ favorisierte Urlaubsziele,
- ✓ Idole,
- ✓ gepflegte Kleidungsstile,
- ✓ Lieblingsessen,
- ✓ Musikgeschmack etc.

Jeder Schüler begründet hierbei, warum ihm gerade die von ihm vertretenen Vorlieben wichtig sind und was er an ihnen schätzt.
Natürlich bleibt es bei derartigen Gedankenpräsentationen nicht dabei, den eigenen Standpunkt dauerhaft unverändert bestehen zu lassen. Gerade aus der Diskussion mit den Mitschülern ergeben sich vielmehr interessante Aspekte und Anregungen, die man zukünftig in die eigenen Überlegungen und Argumente zielführend einbringen kann.

Als Hilfestellung können den Schülern hierbei folgende Satzanfänge angeboten werden:

- ✓ „Ich habe aus dem Gehörten gelernt, dass …"
- ✓ „Mir ist bewusst geworden, dass …"
- ✓ „Ich bin zu der Überzeugung gekommen, dass …"
- ✓ „Ich kann das neue Wissen gut dafür gebrauchen, dass …"
- ✓ „Besonders wichtig an dem neuen Wissen ist mir, dass …"

2.6 Spiele zum Erfahren der eigenen Persönlichkeit und des sozialen Miteinanders in der Gemeinschaft

Ziele

- Erfahren der Klasse als Gemeinschaft bzw. von sich selbst als Teil dieser Gemeinschaft
- Aushalten von Körperkontakt
- Verbesserung des Klassenzusammenhalts

Beschreibung der Maßnahme

Mithilfe von Spielen im Rahmen der Klassengemeinschaft können Schüler soziale Erfahrungen im gemeinsamen Miteinander machen, die ihnen durch eine bloße Belehrung verborgen bleiben. Diese Spiele erfordern ein offenes Zugehen auf ihre Mitschüler und lassen sie Erfahrungen im gegenseitigen Berühren, Kommunizieren etc. machen. Einige Spielmöglichkeiten sollen im Folgenden vorgestellt werden (vgl. Kase 1995).

Wir lösen unseren Knoten auf

In Gruppen von maximal zehn Schülern stellen sich die Beteiligten in einen engen Kreis, schließen die Augen und strecken ihre Hände in die Mitte. Sie suchen sich blind die Hände von Mitschülern und halten diese fest. Nachdem jeder zwei Hände gefunden hat, öffnet er wieder seine Augen. Nun geht es darum, den Knoten durch Drehen und Übereinanderhinwegklettern aufzulösen und den Anfangskreis wiederherzustellen, ohne dass die Hände der anderen losgelassen werden. Hierbei darf miteinander (leise) kommuniziert werden. Tipps sind willkommen. Das Spiel kann mehrmals wiederholt und sollte mit einem Erfolgserlebnis beendet werden.

Ich will rein

Eine Gruppe von Schülern steht Schulter an Schulter ganz fest im Kreis zusammen, die Arme jeweils über die Schultern der Nachbarn gelegt, um eine stabile Mauer zu bilden. Ein Schüler steht außerhalb des Kreises und muss versuchen, durch Körpereinsatz (kein Schlagen, Stoßen, Beißen oder Kitzeln), durch Überredung oder durch das Anwenden einer List in den Kreis zu gelangen.

Urwaldbrücke

Bei diesem Spiel wird in der Turnhalle eine Langbank umgedreht, sodass die schmale Seite nach oben zeigt. Nun bewegen sich von jeder Seite zwei Schüler aufeinander zu und müssen versuchen, sich durch gegenseitiges Helfen, Absprechen etc. so aneinander vorbeizubewegen, dass niemand von der Langbank fällt. Anschließend setzt jeder Schüler seinen Weg bis zum Ende der Langbank fort.

Esel an der Leine

Zwei Schüler einer Klasse werden mit einem Seil so aneinandergebunden, dass sie in relativ geringem Abstand (max. zwei Meter) zueinander stehen. Anschließend müssen sie versuchen, zwei unterschiedliche, diametral einander gegenüberliegende Seiten des Zimmers/der Turnhalle zu erreichen, an denen bestimmte Belohnungen (z. B. Süßigkeiten) deponiert sind. Die Schüler müssen nun versuchen, auf verschiedene Weise an die jeweiligen „Futterplätze" heranzukommen und im Anschluss hieran ihre jeweiligen Erfahrungen zu verbalisieren.

Fliegender Teppich
Auf dem Boden liegt ein Stück Zeitungspapier, das die Mitglieder einer Kleingruppe durch das Ansaugen mit Strohhalmen nach oben heben müssen. Hierbei kann die Erfahrung gemacht werden, dass nur durch das gemeinsame Zusammenspiel aller die Aufgabe letztlich bewältigt werden kann.

Eisscholle (ab hier vgl. Baer/Bücken)
Eine Gruppe von Schülern, bei ausreichendem Platzangebot auch die ganze Klasse, steht dicht gedrängt auf Zeitungspapier, das eine Eisscholle symbolisiert. Dieses Papier wird sukzessive von der Lehrkraft verkleinert. Die Gruppe muss versuchen, alle Mitschüler auf die noch vorhandene Eisscholle zu retten und sich gegenseitig beizustehen, um nicht „ins Wasser" zu fallen. Erst wenn die ganze Eisscholle zu sinken droht, ist das Spiel beendet.

Ich schenke dir ein Wort
Jeder Schüler erhält die Aufgabe, sich ein positives Wort für jeden Mitschüler in der Gruppe auszudenken, dieses aufzuschreiben und dem Mitschüler zu geben. So erhält jeder Schüler eine Reihe von positiven Wörtern, die er in eine persönliche Rangfolge bringen kann oder zu der er eine eigene Geschichte erfinden kann, die er den anderen vorträgt.

Ich schenke mir ein gutes Wort (KV)
Hierbei schreibt sich jeder Schüler selbst einen Brief aus der Sicht des besten Freundes, in dem die eigenen positiven Eigenschaften und Fähigkeiten lobend erwähnt werden (Selbstverstärkung).

Reflexionsmöglichkeit schaffen
Im Anschluss an die aufgeführten Spiele ist es wesentlich, gemeinsam die mit den Spielen einhergehenden Emotionen und Gefühle zu thematisieren. Hierbei stehen Fragen im Vordergrund wie die folgenden:

- ✓ Wie habe ich mich gefühlt, als …?
- ✓ Kenne ich derartige Gefühle schon aus anderen Zusammenhängen? Wie sind diese Gefühle für mich (ungewohnt, unangenehm, angenehm)?
- ✓ Was habe ich gelernt durch das Spiel? Wobei könnte mir diese Erfahrung zukünftig helfen? In welchen Lebenskontexten könnte ich sie anwenden?
- ✓ Was würde ich beim nächsten Mal in einer derartigen Situation anders machen?

Kopiervorlage **KV 12: Ich schenke mir ein gutes Wort**

Ich schenke mir ein gutes Wort

____
Ort, Datum

Liebe(r) ______________________________!

Weißt du eigentlich, was ich dir schon immer sagen wollte? Ich wollte dir sagen, dass ich dich ganz toll finde und dich unheimlich gerne mag. Du bist mir eine ganz wertvolle Freundin/ein ganz wertvoller Freund und ich würde mich freuen, wenn wir diese gute Freundschaft auch weiterhin fortsetzen könnten.

Besonders toll an dir finde ich Folgendes:

1. ______________________________

2. ______________________________

3. ______________________________

4). ______________________________

Ich denke, dass wir auch in Zukunft eine wundervolle Zeit miteinander verbringen können und sich für dich eine ganze Menge Wünsche erfüllen lassen. Ich weiß von dir, dass du dir ganz besonders wünschst,

dass ______________________________ und dass

______________________________.

Ich wünsche dir ganz viel Glück dabei und helfe dir jederzeit gerne, wenn ich hier etwas für dich tun kann. Das wollte ich dir nur ganz einfach mal so sagen, weil du ein wundervoller Mensch bist. Ich hoffe, du freust dich über meine Zeilen genauso wie ich.

Dein(e) Freund(in)

____

3.1 Soziale Kompetenzen durch kooperative Lernformen und einen Sozialzielekatalog fördern

Ziel

Förderung des sozialen Zusammenhalts innerhalb einer Klassengemeinschaft

Beschreibung der Maßnahme

Den gemeinschaftlichen Lernprozess und den klasseninternen Zusammenhalt kann ein Lehrer in der Weise positiv unterstützen, dass er in der Klasse durch vielfältige soziale Arbeitsformen (z. B. Gruppenarbeiten nach dem Prinzip des kooperativen Lernens von Norm Green) eine ***„positive gegenseitige Abhängigkeit“*** (s. u. „Basiselemente des kooperativen Lernens“) stiftet.

Was ist kooperatives Lernen?

- ✓ Kooperatives Lernen ist – verkürzt formuliert – eine besondere **Form des Gruppenunterrichts**, bei dem die Schüler durch klare Organisations- und Verlaufsrituale angeleitet werden, sich im Lernprozess gegenseitig verantwortlich zu unterstützen.
- ✓ Die Besonderheit des kooperativen Lernens besteht darin, dass bei dieser Lernorganisation das soziale mit dem kognitiven Lernen verknüpft wird und sich förderlich für den individuellen aber auch gruppenbezogenen Lernprozess auswirkt.
- ✓ Durch teambildende Maßnahmen finden Gruppenprozesse statt.
- ✓ Beim kooperativen Lernen müssen alle Gruppenmitglieder zu einem gelungenen Gruppenresultat beitragen und jedes Gruppenmitglied muss grundsätzlich in der Lage sein, die Gruppenergebnisse vorzustellen. Hier wird vor allem auch das Selbstwertgefühl der Schüler unterstützt.
- ✓ Durch die Methoden des kooperativen Lernens werden zudem eine hohe Schüleraktivierung und Selbsttätigkeit eingefordert.

Weitere Informationen finden Sie unter: www.kooperativeslernen.de

Fünf Basiselemente sind beim kooperativen Lernen von besonderer Bedeutung:
1. positive gegenseitige Abhängigkeit
2. individuelle Verantwortlichkeit
3. Interaktion von Angesicht zu Angesicht
4. soziale Kompetenz und Teamfähigkeit
5. Feedback und Evaluation des Gruppenprozesses

Exkurs: Gruppenzusammensetzung:
Es sollte kein zu häufiger Gruppenwechsel (Kontinuität), aber auch keine stets gleichbleibende Gruppenbildung stattfinden.
Zudem gilt es zu berücksichtigen, dass man den Schülern anfangs Aufgaben in der Gruppe zuweist, welche sie gut bewältigen können, um ihnen somit Erfolgserlebnisse zu gewähren. So sollte man z. B. einen Schüler, der Schwierigkeiten hat, frei vor einer Gruppe zu sprechen, nicht gleich zum Sprecher der Gruppe machen. Ein Schüler, der gut dokumentieren kann, sollte für Visualisierungsaufgaben eingesetzt werden. In zunehmendem Maße führt man die Schüler dann an ihnen weniger vertraute Aufgaben heran.
Darüber hinaus kann ein Lehrer auch größere gemeinsame Aktionen mit der Klasse durchführen (z. B. Wettkämpfe, Projektunterricht), bei denen es auf Teamgeist ankommt und jeder einen produktiven Beitrag zum Gruppenergebnis leisten kann.

Beschreibung der Maßnahme

Verlauf einer kooperativen Lerneinheit:
1. Gruppenfindungsprozess (teambildende Maßnahmen)
2. Besprechung des sozialen Ziels
3. Aufgabenstellung
4. Gruppenarbeit (zu den Methoden s. KV 13)
5. Präsentation der Ergebnisse
6. Feedback/Reflexion der Gruppenarbeit

Was ist ein Sozialzielekatalog?
Der Sozialzielekatalog (vgl. Weidner 2005, S. 22) geht von folgenden Annahmen aus:
Schüler können und wollen sich den Regeln entsprechend verhalten, wenn
- ✓ sie genau wissen, was von ihnen erwartet wird und wie dieses erwartete Verhalten konkret aussieht,
- ✓ Regeln in einen wertschätzenden und wohlwollenden Kontext eingebettet sind,
- ✓ Regeln angemessen und für die Schüler transparent, am besten mit ihnen entwickelt sind,
- ✓ die Schüler durch Feedback die Möglichkeit bekommen, sich verantwortlich an Regeln halten zu können,
- ✓ das Kollegium ein Regelwerk gemeinsam diskutiert, gestaltet und mitträgt, um gemeinsames pädagogisches Handeln nachhaltig werden zu lassen.

Bereich	**Beispiele für Sozialziele (Sozialzielekatalog)** *Indikatoren, die anzeigen, was jemand* sagt oder tut, *der dieses Sozialziel erreicht.*
Kommunikation	**Wie verhalte ich mich richtig im Gespräch?** • Ich beteilige mich aktiv an Gesprächen. • Ich spreche deutlich. • Ich drücke mich genau aus. • Ich lasse andere ausreden. • Ich schaue den Sprecher an. • Ich bleibe beim Thema.
	Wie verhalte ich mich höflich? • Ich schaue jemandem in die Augen, wenn ich mit ihm spreche. • Ich sage „Guten Morgen“, „Hallo“... • Ich sage „Bitte“, „Danke“... • Ich bin auch nett zu jemandem, den ich nicht so mag. • Ich antworte, wenn mich jemand anspricht.
Soziale Verantwortung	**Wie führe ich Klassendienste angemessen aus?** • Ich informiere mich über meine Aufgabe. • Ich erledige meine Aufgabe in der dafür vorgesehenen Zeit, z. B. in der Vorviertelstunde, der Pause, am Unterrichtsende, nach Auftrag etc. • Ich arbeite selbstständig und verantwortungsbewusst.
	Wie kann ich hilfsbereit sein? • Ich tröste und lobe. • Ich lasse die Meinung anderer gelten. • Ich merke selbst, wenn jemand Hilfe braucht. • Ich halte anderen die Tür auf.
	Menschen sind verschieden: Wie verhalte ich mich? • Ich lache niemanden aus. • Wenn mich jemand anspricht, gebe ich eine Antwort. • Ich mache keine Witze über andere Menschen.

Bereich	**Beispiele für Sozialziele (Sozialzielekatalog)** *Indikatoren, die anzeigen, was jemand* sagt oder tut, *der dieses Sozialziel erreicht.*
Koopera-tion	**Wie arbeite ich mit anderen Schülern zusammen?** • Ich stehe nicht immer im Mittelpunkt. Auch andere Schüler sind wichtig. • Ich unterbreche meine Mitschüler nicht. • Ich bleibe beim Thema. • Ich äußere meinen eigenen Standpunkt, ohne andere zu beleidigen.
Interesse und Motivation	**Wie arbeite ich im Unterricht mit?** • Ich arbeite konzentriert und aufmerksam. • Ich melde mich zum Thema und stelle passende Fragen. • Ich frage nach, wenn ich etwas nicht verstanden habe. • Ich nenne Beispiele und bringe meine Vorerfahrungen mit ein.
	Wie zeige ich, dass mich das Thema interessiert? • Ich höre genau zu. • Ich recherchiere selbstständig. • Ich bringe Bücher und Materialien zum Thema mit. • Was ich zu dem Thema weiß, sage ich allen.
Konfliktverhalten	**Wie einige ich mich bei Meinungsverschiedenheiten?** • Ich schaue meinen Streitpartner an. • Ich atme tief durch, bevor ich etwas sage. • Ich spreche in gemäßigter Lautstärke. • Ich lasse den anderen ausreden und höre genau zu. • Ich sage meine Meinung, ohne andere zu verletzen. • Ich sage, wie ich mich fühle.
	Wie gehe ich mit Wut oder Enttäuschung um? • Ich atme tief durch. • Ich spreche leise. • Ich sage, was mich stört. • Ich lasse meine Wut nicht an anderen aus. • Ich versuche auf den anderen einzugehen und eine Lösung zu finden.

Die Arbeit mit dem TeamPinBoard (Kleindiek)

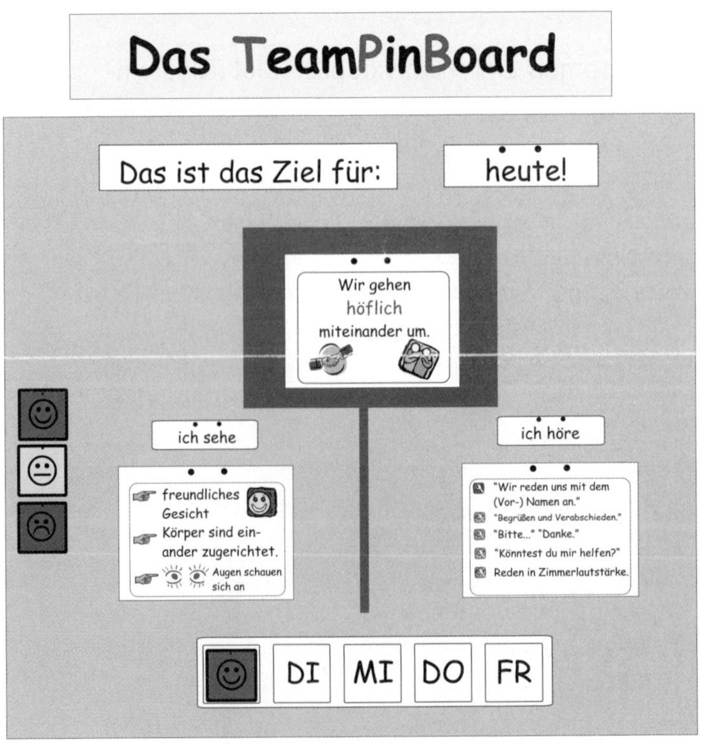

autorisierte Fassung durch Gerhard Kleindiek

Entstehung

- ✓ Das TeamPinBoard von Gerhard Kleindiek ist das Ergebnis einer mehrjährigen Auseinandersetzung mit Erziehungsplanung.
- ✓ Ein bloßes Festlegen von Regeln reichte nicht aus. Schüler haben oft keine Vorstellung von Begriffen, wie z. B. Höflichkeit. Deshalb sind Visualisierung und Konkretisierung notwendig. Es werden den Schülern also beobachtbare Verhaltensformen an die Hand gegeben, die ihnen als mögliche Beurteilungs- und Umsetzungskriterien für das gewünschte Verhalten dienen können (natürlich ohne Anspruch auf Vollständigkeit).
- ✓ Negative Sanktionen bei Regelverstößen steigerten nicht die Sozialkompetenz, sondern verschlechterten das Klassenklima.

Begründung der Effektivität der Methode „Team-Pinboard“

1. **Überschaubarkeit:** Sozialfertigkeiten werden lernbar gemacht durch eine Gliederung der Ziele in überschaubare Abschnitte. Es steht immer nur ein Ziel im Vordergrund.
2. **Visualisierung:** Die Ziele werden optisch ansprechend angeboten. So werden mehrere Sinne angesprochen. (Die Werbung hat so etwas längst für sich nutzbar gemacht.)
3. **Ermutigung:** Defizite im Sozialverhalten können nun gezielt durch positive Hinweise aufgearbeitet werden. Sanktionen negativer Art sind nicht mehr so häufig nötig.
4. **permanente Verfügbarkeit:** Die Lehrkraft kann jederzeit während des Unterrichts auf das **TeamPinBoard** verweisen und gezielt Tipps zur besseren Einhaltung des Sozialzieles geben.
5. **flexibler Einsatz**: Ziele können jederzeit (pro Stunde, pro Tag, pro Woche …) ausgetauscht und erweitert werden.

Umgang

- ✓ Einstieg: einfache Sozialfertigkeiten
- ✓ Dauer des sichtbaren Zieles: anfangs eine Woche, später variabel
- ✓ anfangs: gemeinsames Ziel = individuelles Ziel (Klassen- und Selbstbewertung am Ende des Tages/der Woche)
- ✓ später: individuelles Ziel kann vom Klassenziel abweichen (Tischaufkleber für individuelle Ziele → Ich nehme mir in dieser Woche vor: ...).
- ✓ positiver Zugang zu den Sozialfertigkeiten durch konkrete Handlungs- und Sprachmuster („Ich sehe …“, „Ich höre …“)
- ✓ hohe Motivation durch Eigenverantwortlichkeit der Schüler beim Erreichen des Zieles
- ✓ keine positiven Verstärker notwendig

Quelle: www.teampinboard.de

Kopiervorlagen

KV 13: Methoden des kooperativen Lernens
KV 14: TeamPinBoard

autorisierte Fassung durch Gerhard Kleindiek

Methoden des kooperativen Lernens

→ Es ist sinnvoll, in der Klasse einige wenige Methoden einzuführen, welche den Schülern Sicherheit bei der Durchführung geben.

STEX (Stamm- und Expertengruppe)	
Intention:	• Zeitsparende Besprechung von Inhalten in Großgruppen • Arbeitsteilige Bearbeitung und Lösung komplexer oder umfangreicher Aufgabenstellungen • Aufarbeitung, Strukturierung und Weitergabe von Informationen
Ablauf:	**1. Schritt:** Jeder Schüler ist zunächst in seiner **Stammgruppe** (kann auch per Zufall gelost werden). **2. Schritt:** Davon wird je ein Mitglied in eine sogenannte Expertengruppe delegiert (oder wiederum gelost). Diese **Expertengruppen** erhalten jeweils unterschiedliches Arbeitsmaterial zu einer übergreifenden Thematik. Innerhalb einer Expertengruppe bearbeitet zunächst jeder selbst die Thematik. Anschließend arbeiten die Mitglieder gemeinsam mit dem Material. Sie klären Fragen und erstellen ein Papier (oder Ähnliches) zur Weitervermittlung des Stoffes in der nächsten Runde. **3. Schritt:** In dieser Runde kehrt jeder „Frisch-Experte“ in seine **Stammgruppe** zurück, die sich nun aus vier oder fünf Experten für die unterschiedlichen Teilbereiche des Gesamtthemas zusammensetzt. Jeder einzelne Schüler vermittelt nun sein Expertenwissen an die anderen Mitglieder der Stammgruppe weiter. Er benutzt dabei das Material, das die Expertengruppe zusammen erstellt hat.

Schneeball	
Intention:	Die Schneeballmethode stellt ein gestuftes Brainstorming-Verfahren dar, um zu einem Thema Ideen zusammenzutragen. Die Schüler müssen dabei in wechselnden Gruppen ihren Standpunkt darlegen, diskutieren und abstimmen. Dabei sollen die Teamfähigkeit gefördert und der individuelle Ideenpool gebündelt werden. Im Zuge der Präsentation muss jeder Schüler vor der Klasse sprechen.
Ablauf:	**1. Erarbeitung:** Die Lehrkraft schreibt einen Brainstorming-Impuls an die Tafel. **2. Reflexion:** Jeder Schüler hat etwa zehn Minuten Zeit, sich vier Ideen, Vorschläge, Nachteile oder Vorteile zu überlegen und auf Kärtchen zu schreiben (eine Idee pro Karte). Nachdem dies geschehen ist, werden Gruppen gebildet, die durch eine Zahl auf der Rückseite des Kärtchens eingeteilt werden. Diese Gruppen sollen die mitgebrachten Antworten diskutieren und sich auf die vier wichtigsten Punkte einigen. **3. Bewertung:** In der Zwischenzeit klebt die Lehrkraft auf die Kärtchen der Schüler farbige Punkte, um wieder neue Gruppen zu bilden. Die Schüler mit dem gleichen farbigen Punkt auf der Karte formieren sich zu einer neuen Gruppe. Diese neu gebildeten Gruppen sollen sich nun wieder auf vier Aspekte einigen. Jeder dieser vier Aspekte wird auf ein Kärtchen für die spätere Präsentation geschrieben. **4. Präsentation:** Ein zufällig ausgewähltes Gruppenmitglied darf die Ergebnisse präsentieren.

Think – pair – share	
Intention:	• Sammlung von Ideen, Gedankengänge initiieren, Anregungen erhalten • Meinungsaustausch in der Kleingruppe ermöglichen und Einigungsprozesse einleiten • Konstruktives Nachdenken über eine Idee und deren Implementierung
Ablauf:	1. Eine gestellte Aufgabe wird zunächst für sich bearbeitet. 2. Danach erfolgt der Austausch mit einem Schüler oder in der Gruppe. 3. Reflexion im Plenum/Weiterentwicklung in der Gruppe 4. Konsens/Entscheidungsfindung
Weiterarbeit:	Galeriepräsentation der Gruppenergebnisse mit Diskussion

Placemat	
Intention:	• Stellungnahmen provozieren, Meinungen abfragen, Gedankengänge initiieren • Meinungsaustausch in der Kleingruppe ermöglichen und Einigungsprozesse einleiten • Konstruktives Nachdenken über eine Idee und deren Implementierung
Ablauf:	1. Jeder Schüler bearbeitet im äußeren Feld eines vorbereiteten Bogens zunächst für sich ein Thema in Einzelarbeit und notiert seine Ideen, Ergebnisse, Antworten in seinem Feld. 2. Nach der Einzelarbeit stellt jeder Schüler sein Ergebnis vor und erklärt es. Die anderen Gruppenmitglieder können nachfragen. 3. Anschließend einigen sich die Gruppenmitglieder auf eine gemeinsame Ergebnisaussage, die im mittleren Feld als Gruppenergebnis notiert wird.
Weiterarbeit:	Zusammenschau im Plenum, Diskussionsanlass Präsentation der Ergebnisse im Hinblick auf Gemeinsamkeiten/Unterschiede
	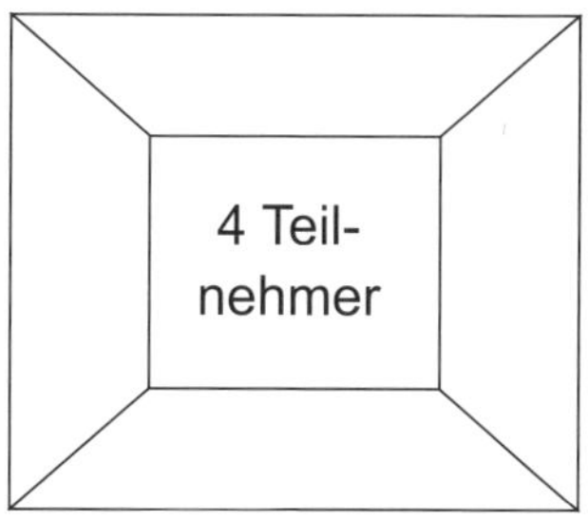 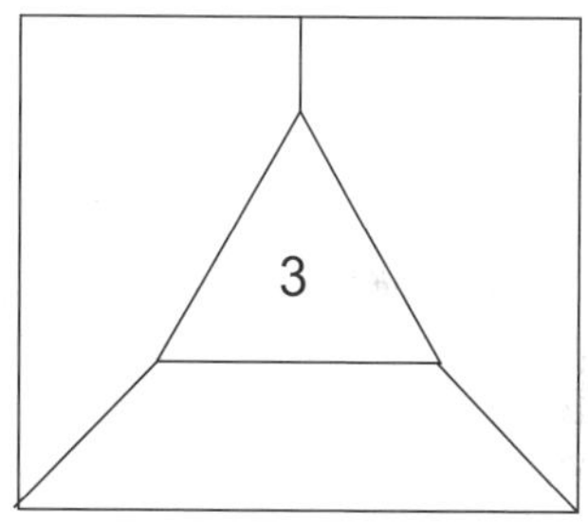

Galerie	
Intention:	• Präsentation von Ergebnissen zur Information • Visualisierung, Austausch und Sicherung (von Gruppenergebnissen)
Ablauf:	1. Bereits zu Beginn werden alle Schüler darauf hingewiesen, dass das von ihnen zu erstellende Plakat (Ergebnis) in einer Galerie ausgestellt wird (klare Strukturierung und Gestaltung des Plakats). 2. Ergebnisse werden im Raum verteilt aufgehängt (auf Tischen verteilt). 3. Die Schüler haben die Aufgabe und Zeit, die Präsentationen zu betrachten, sich eigenständig zu informieren.
Alternativen:	• Es bilden sich gemischte Gruppen (ein Schüler von jeder Gruppe), die von Plakat zu Plakat gehen, wobei jeweils ein Schüler als Experte das Ergebnis der Gruppe erläutert und für Rückfragen zur Verfügung steht. • Alle Schüler gehen von Plakat zu Plakat, das von der jeweiligen Gruppe vorgestellt wird (geführte Galerie).

Fishbowl	
Intention:	• Besprechung von Inhalten in Großgruppen in Effektivität einer Kleingruppe • Beteiligung aller/möglichst vieler Beteiligter in freier Entscheidung
Ablauf:	1. Einzelarbeit zu einem Text oder einem Thema/einer Frage, bei der sich die Einzelnen Notizen machen oder Anmerkungen aufschreiben können 2. Gruppenarbeit in maximal Sechsergruppen, in der die Anmerkungen und Fragen thematisiert werden, gemeinsame Einsichten und Fragen themenorientiert notiert werden und ein Gruppensprecher ermittelt wird 3. Fishbowl: Die Gruppensprecher sitzen im Innenkreis, die anderen Schüler im Außenkreis. Folgende Gesprächsregeln sind einzuhalten: Der Innenkreis bespricht die Ergebnisse und legt eine Arbeitsweise fest, die Leitung wird geklärt. Der Außenkreis verhält sich stumm und beobachtet Inhalt und Verfahren. Auf dem **freien Stuhl im Innenkreis** kann jederzeit ein Schüler des Außenkreises Platz nehmen und sich somit ins Gespräch einschalten. Die Leitung bestimmt das Zeitlimit und fasst zusammen.
Variation	Eine Person mit einem Anliegen sitzt im Innenkreis und erklärt das Anliegen/die Frage. Andere, die zu dem Thema Vorschläge/Antworten haben, können im Innenkreis Platz nehmen. Wer nichts mehr zu sagen hat, verlässt den Innenkreis.

Vier Ecken	
Intention:	• Standpunkt beziehen, Bewertungen vornehmen • Entscheidungen vorbereiten • Zur Bildung von Meinungsgruppen/Kleingruppen
Ablauf:	1. Es hängen in den Ecken eines Raumes vier Plakate mit unterschiedlichen Aussagen (evtl. provokativ, konträr). 2. Die Schüler stellen sich zu der Aussage, die ihnen am meisten zusagt. 3. Dort sprechen sie mit anderen Schülern, die dieselbe Wahl getroffen haben, über ihre Gründe, Zweifel usw. 4. Im Anschluss kann in Kleingruppen/im Plenum weitergearbeitet werden.
Variation:	• Statt der Aussagen können auch Bilder aufgehängt werden, zu denen die Schüler assoziieren können. • Es können Bilder (auch mehrere) am Boden liegen.

Brainstorming	
Intention:	• Schneller Weg, Gedanken und Ideen zu einer Frage oder einem Problem zu sammeln • Einbeziehung aller Schüler bei der Ideensammlung • Ermöglicht einen kreativen Zugang zu Themen und Fragestellungen
Ablauf:	1. Schüler äußern Gedanken laut, die ihnen zum Thema einfallen. 2. Kommentare und Wertungen sind nicht erlaubt. 3. Der Moderator notiert die Gedanken auf Folie oder Plakat, damit sie jeder sehen kann.
Weiterarbeit:	Strukturierung der Ergebnisse

Mindmap	
Intention:	• Eine Mindmap ist eine Darstellung von Arbeits- oder Planungsergebnissen, bei der man das Thema auf die Mitte eines Blattes setzt (Plakat) und dann die weiteren Ergebnisse rundum platziert. • Man entwickelt eine Landkarte aus Gedanken und Arbeitsergebnissen. • Hierbei ist man nicht auf eine strenge Reihenfolge im Arbeitsablauf angewiesen. • Die Methode eignet sich gut zum Planen von Vorhaben und zur Visualisierung komplexer Themenbereiche. • Mindmaps prägen sich gut ein und eignen sich als Vorlage für ein Referat/für eine Präsentation.
Ablauf:	1. Thema im Zentrum platzieren 2. Hauptstränge anlegen 3. Nebenstränge anlegen 4. Mindmap abschließend gestalten 5. als Präsentationsgrundlage benutzen

Kugellager	
Intention:	• Verbaler Austausch mit einem Zufallspartner zu einem eng abgesteckten Thema
Ablauf:	1. Alle Schüler bilden einen Außen- und Innenkreis, sodass sie sich gegenüberstehen. 2. Die Paare erhalten einen Arbeitsauftrag/Gesprächsanlass und diskutieren/tauschen sich aus. 3. Nach Beendigung des Auftrags bilden sich neue Paare, indem sich die Kreise um eine Person verschieben bei gleicher oder neuer Aufgabe.
Variation	Eine schriftliche Abfrage kann vorausgehen.

Quellen:

Vgl. http://methodenpool.uni-koeln.de/uebersicht.html [29.09.2012]
Vgl. Green, Norm/Green, Kathy: Kooperatives Lernen im Klassenraum und im Kollegium. Seelze: Kallmeyer, 2005.

TeamPinBoard (Kleindiek)

Beispiel:

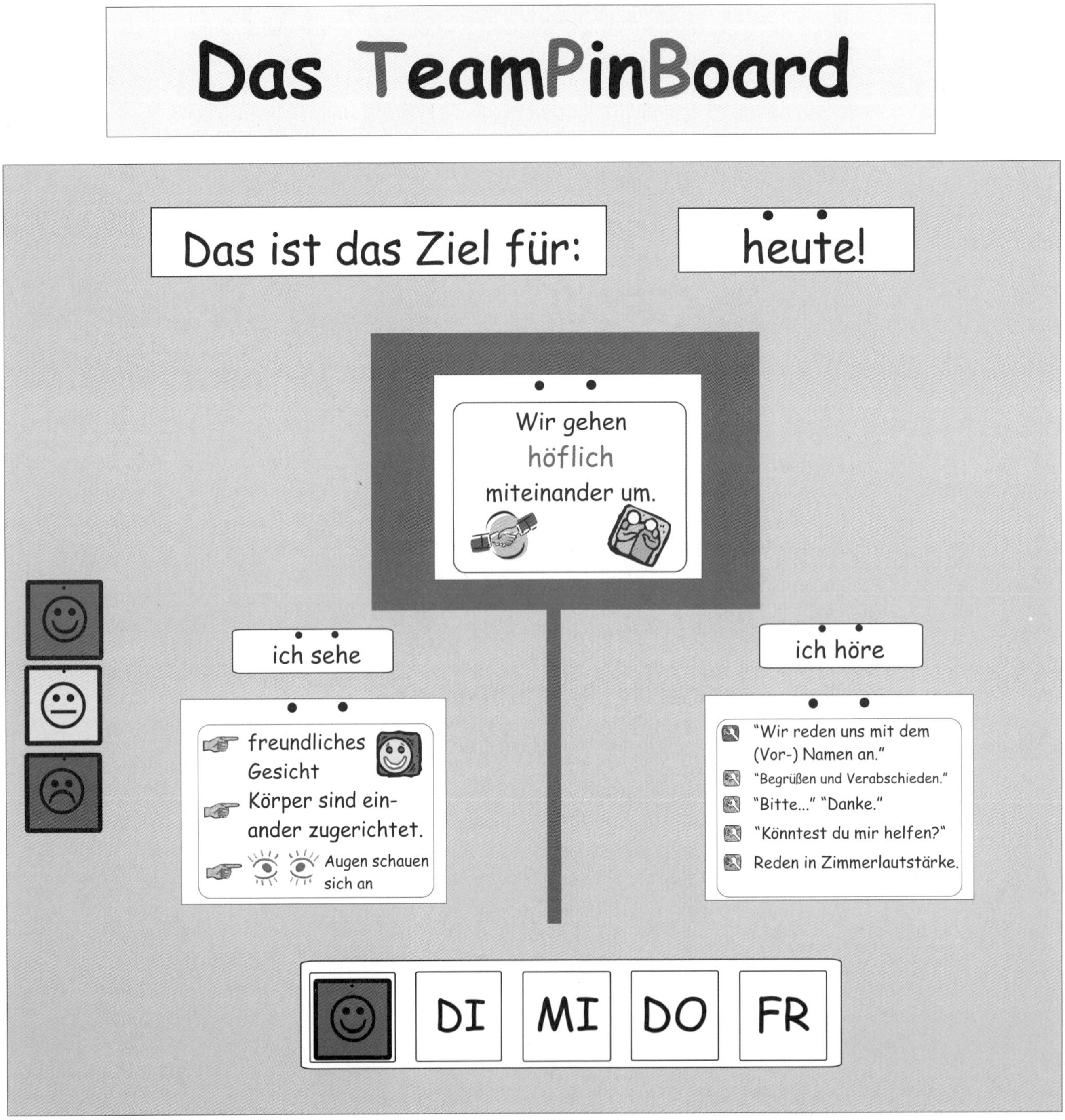

Blankovorlage für eine Sozialfertigkeit

Name	Sozialfertigkeiten	Datum	Blatt Nr.

autorisierte Fassung durch Gerhard Kleindiek

Wochenvorhaben als Tischaufkleber für jeden Schüler

: Ich nehme mir in der Woche von ______________ **bis** ______________ **vor:**

Mo Di Mi Do Fr

: Ich nehme mir in der Woche von ______________ **bis** ______________ **vor:**

Mo Di Mi Do Fr

: Ich nehme mir in der Woche von ______________ **bis** ______________ **vor:**

Mo Di Mi Do Fr

: Ich nehme mir in der Woche von ______________ **bis** ______________ **vor:**

Mo Di Mi Do Fr

: Ich nehme mir in der Woche von ______________ **bis** ______________ **vor:**

Mo Di Mi Do Fr

: Ich nehme mir in der Woche von ______________ **bis** ______________ **vor:**

Mo Di Mi Do Fr

: Ich nehme mir in der Woche von ______________ **bis** ______________ **vor:**

Mo Di Mi Do Fr

: Ich nehme mir in der Woche von ______________ **bis** ______________ **vor:**

Mo Di Mi Do Fr

: Ich nehme mir in der Woche von ______________ **bis** ______________ **vor:**

Mo Di Mi Do Fr

autorisierte Fassung durch Gerhard Kleindiek

3.2 Gesprächs- und Feedbackkultur pflegen: Klassenkreisgespräche

Ziele

- Konstruktive Gesprächskultur in der Klasse fördern
- Die eigene Meinung äußern und auf andere Meinungen eingehen
- Kommunikationstraining

Beschreibung der Maßnahme

Auf der Basis des Konzepts der **Themenzentrierten Interaktion** (TZI) bieten Klassengesprächskreise eine weitere wichtige Möglichkeit, das kommunikative und soziale Miteinander zu fördern.

Die Einzelpersonen in der Klasse (Schüler und Lehrer) einigen sich in einem Klassenkonsens auf zu besprechende Themen. Das können Themen aus aktuellem Anlass sein, aber auch Themen, die die Lehrkraft einbringen möchte.

Dabei erfahren und erleben die Schüler wichtige Prinzipien der TZI. Dazu gehören z. B. folgende Regeln:

✓ „Ich spreche für mich."
✓ „Ich entscheide, wann ich etwas sage."
✓ „Ich nehme die Meinung meiner Mitschüler ernst."

Bezug zu weiteren Maßnahmen

2.5 Die eigene Meinung äußern

Kopiervorlagen

KV 15: Feedback geben und nehmen

Feedback geben und nehmen

Regeln für das richtige Feedback-Geben

1. Wenn ich dem anderen Feedback gebe, formuliere ich es positiv und zeige ihm Entwicklungsmöglichkeiten auf, z. B. „Beim nächsten Mal könntest du noch mehr auf … achten."
2. Ich beginne immer mit einer positiven Rückmeldung, gehe dann auf mögliche Schwachstellen ein und erwähne am Ende wieder etwas Positives, z. B. „Sehr gut hat mir … gefallen. Bei … könntest du dich noch verbessern. Besonders gelungen fand ich auch …"
3. Ich gebe Feedback zu dem tatsächlich beobachteten Verhalten, das sich klar beschreiben lässt
und dem anderen eine genaue Rückmeldung gibt, die er auch richtig versteht.
4. Ich bleibe sachlich und vermeide es bei Feedback, persönliche Meinungen einzubauen, die den anderen verletzen könnten.
5. Ich beschränke mich mit meinem Feedback auf die gerade wahrgenommene Situation. Verallgemeinerungen wie „immer" oder „nie" verwende ich nicht.
6. Ich formuliere meine Beobachtungen in Form von Ich-Botschaften.

Regeln für das richtige Feedback-Nehmen

1. Wenn ein anderer mir eine Rückmeldung gibt, höre ich ihm zu und lasse ihn ausreden.
2. Ich suche beim Feedback des anderen nicht gleich nach Verletzungen, sondern nehme die Botschaft zunächst sachlich an.
3. Ich versuche nicht, mich bei Feedback zu verteidigen oder für mein Verhalten zu rechtfertigen, sondern nehme die Rückmeldung einfach so an.
4. Wenn ich bei den Rückmeldungen des anderen etwas nicht verstanden habe, frage ich höflich nach, wie das Feedback zu verstehen ist.
5. Ich versuche, die Hilfestellungen des anderen positiv in mein zukünftiges Handeln einzubauen/Tipps zu berücksichtigen.
6. Wenn sich ein Mitschüler nicht an die Regeln eines positiven Feedbacks hält, erinnere ich ihn daran.
7. Am Ende des Feedbacks bedanke ich mich bei dem anderen für die Mitteilungen und Hilfestellungen.

3.3 Klassenregeln

Ziel

Das Zusammenleben in der Klasse regeln

Beschreibung der Maßnahme

Klassenregeln helfen dabei, den täglichen Umgang in der Klasse auf eine sozial verträgliche Basis zu stellen.

Wesentlich ist hierbei, dass die Klassenregeln gemeinsam von Schülern und Lehrkräften entwickelt und nicht nur vorgegeben werden.

- ✓ Auf diese Weise wächst der verantwortungsbewusste Umgang der Schüler mit den Regeln.
- ✓ Darüber hinaus ist es wichtig, dass gleich mit Aufstellung der Regeln eine entsprechende Begründung für deren Notwendigkeit gefunden wird, um Schüler auch auf diese Weise für die Einhaltung zu sensibilisieren.
- ✓ Zugleich gilt es, mit Einrichtung der Regeln gemeinsam auch mögliche Sanktionen zu beschließen, die bei Nichteinhaltung der Regeln drohen. Diese Sanktionen müssen in jedem Fall in eindeutiger Relation zur Tat stehen und dürfen nicht überzogen sein.

Grundsätzlich sollten nicht zu viele Regeln auf einmal neu eingeführt werden. Gut wäre es zudem, eine bestimmte Regel, die momentan immer wieder missachtet wird, ins Zentrum der Kalkulation zu stellen und an ihr so lange zu arbeiten, bis sie beachtet wird.

Lob und positive Verstärkung nicht vergessen!
Die Lehrkraft kann einzelne Schüler loben, eine Gruppe oder die ganze Klasse,
- ✓ weil sie sich positiv und regelgetreu verhalten haben,
- ✓ weil sie sich hilfsbereit und freundlich verhalten haben,
- ✓ weil sie Aktivitäten begonnen oder sich an ihnen beteiligt haben, die alle Schüler in der Klasse einschließen, ohne irgendeinen oder irgendeine auszuschließen,
- ✓ weil sie die Initiative ergriffen haben, ausgegrenzte Schüler in gemeinsame Tätigkeiten einzubeziehen.

Grundsätzliches zu möglichen Sanktionen:
- ✓ Ist die Sanktion leicht anzuwenden?
- ✓ Ist die Sanktion unangenehm, ohne feindlich zu sein?
- ✓ Richtet sich die Strafe gegen den Regelverstoß und nicht gegen den Regelverletzenden?
- ✓ Hilft es, ein persönliches Gespräch mit dem Schüler zu suchen?
- ✓ Hilft es, dem Schüler eventuell gewisse Privilegien vorzuenthalten?

Die Klassenregeln sind beispielhaft gedacht und sollten gemeinsam in der jeweiligen Klasse entwickelt und nicht vorgegeben werden.

Kopiervorlagen

KV 16: Unsere Klassenregeln

Unsere Klassenregeln

- Wir hören einander zu.
- Wir lassen einander ausreden und reden nicht dazwischen.
- Wenn wir etwas zum Thema wissen, melden wir uns und rufen nicht dazwischen.
- Wir führen keine Fremdgespräche, während sich jemand zum Thema äußert.
- Wir reden nicht schlecht über andere.
- Über Mitschüler, die gerade nicht anwesend sind, reden wir nur positiv.
- Wir verwenden keine Schimpfworte oder verletzende/beleidigende Spitznamen für andere.
- Wenn jemand einen Fehler macht oder etwas noch nicht so gut beherrscht, lachen wir ihn nicht aus.
- Wir helfen Mitschülern, wenn sie etwas noch nicht so gut können oder noch nicht verstanden haben.
- Wir suchen bei Mitschülern bewusst nach ihren guten Eigenschaften und benennen diese auch.
- Wenn jemand in einer Notlage ist, helfen wir ihm und/oder holen Hilfestellung durch Lehrkräfte.
- ______________________________
- ______________________________
- ______________________________
- ______________________________

3.4 Teamfähigkeit

Ziele

- Mit anderen im Team zusammenarbeiten
- Eigene Wünsche ins Team einbringen, aber auch bei Bedarf zurückstellen können
- Eigene Energien in die Teamziele konstruktiv einbringen

Beschreibung der Maßnahme

In der heutigen Arbeitswelt sind Arbeitsvorgänge ohne das Vorherrschen von Teamstrukturen nicht mehr vorstellbar. Immer geht es darum, mit anderen gemeinsam an bestimmten Zielstellungen zu arbeiten und hierbei zu nachhaltigeren und effektiveren Ergebnissen zu kommen, als es der Einzelne vermag. Teams bilden dabei eine besondere Form kleiner Kooperationszirkel und haben im Vergleich zu Großgruppen den Vorteil, dass in ihnen ein bestimmter Daseinszweck, eine bestimmte Zielstellung vorherrscht und hierfür ein Konsens über Regeln und Normen zugrunde liegt. Jeder übernimmt in diesem Team eine bestimmte Rolle mit je eigenen Zuständigkeiten, um gemeinsam an einer Sache zu wachsen.
Gute Teams sind demnach gekennzeichnet durch „Zielorientierung und Zielfokussierung“, durch „Dynamik und Synergie“ (jeder soll seine Stärken einbringen; systemkonforme Anpassung führt lediglich zu Reduktionismus), durch eine „selbstverständliche Struktur“ sowie durch eine „Atmosphäre der Offenheit“ bzw. ein „Klima des Vertrauens“ (Schley 1998, S. 116).

Für Böttcher/Lindart zeichnet sich die hierfür erforderliche Teamfähigkeit durch folgende Kompetenzen aus:

- ✓ „Bereitschaft zur Verantwortungsübernahme für das Team bzw. das Ergebnis
- ✓ gegenseitige Akzeptanz und Wertschätzung
- ✓ Integrationsfähigkeit
- ✓ respektvoller Umgang
- ✓ wechselseitige Unterstützung
- ✓ intensiver Ideen-, Wissens- und Informationsaustausch
- ✓ gemeinsame Zielorientierung
- ✓ Kooperations- und Kompromissbereitschaft“
  (Böttcher/Lindart 2009, S. 88)

Elemente, die sich positiv auf die Zusammenarbeit im Team sowie auf das Teamergebnis auswirken, sind im Einzelnen:

- ✓ „positive, offene und partnerschaftliche Grundhaltung
- ✓ Einigkeit über Ziele, Strategien und Werte
- ✓ intensive Kommunikation
- ✓ klare Regeln für die Zusammenarbeit
- ✓ schnelle und konstruktive Konfliktlösung
- ✓ Selbstbild als gutes Team
- ✓ komplementäre Kompetenzen
- ✓ konsequentes Einleiten und Umsetzen von Maßnahmen
- ✓ intakte Beziehungen und Integration aller Teammitglieder“
  (Böttcher/Lindart 2009, S. 88)

Kopiervorlagen

KV 17: Kompetenzcheck zur eigenen Teamfähigkeit

Kompetenzcheck zur eigenen Teamfähigkeit

	trifft voll zu					trifft nicht zu
Ich fühle mich sehr wohl, wenn ich mit anderen Menschen zusammenarbeite.	☐	☐	☐	☐	☐	☐
Ich tausche gern meine Gedanken und Gefühle mit anderen aus.	☐	☐	☐	☐	☐	☐
Es macht mir Spaß, gemeinsam an Zielen zu arbeiten.	☐	☐	☐	☐	☐	☐
Wenn ich mit anderen zusammenarbeite, kann ich mich deren Wünschen auch anpassen und eigene Anliegen aufgeben.	☐	☐	☐	☐	☐	☐
In der Zusammenarbeit mit anderen bin ich hilfsbereit und kooperativ.	☐	☐	☐	☐	☐	☐
Ich kann im Gespräch mit anderen zu gemeinsamen Lösungen kommen.	☐	☐	☐	☐	☐	☐
In der Zusammenarbeit mit anderen kann ich meine Meinung höflich und nicht verletzend formulieren.	☐	☐	☐	☐	☐	☐
Ich kann es gut verstehen und aushalten, dass die anderen nicht immer die gleichen Vorstellungen haben wie ich.	☐	☐	☐	☐	☐	☐
Ich kann im Team sowohl meine eigenen Wünsche verfolgen als auch auf die Bedürfnisse der anderen eingehen.	☐	☐	☐	☐	☐	☐
Es fällt mir leicht, mit verschiedenen Menschen gut zusammenzuarbeiten.	☐	☐	☐	☐	☐	☐
Ich weiß, wie ich die Zusammenarbeit im Team erfolgreich gestalten kann.	☐	☐	☐	☐	☐	☐
Je nach Bedarf kann ich die Führung in einem Team übernehmen, aber auch eine untergeordnete Rolle darin spielen.	☐	☐	☐	☐	☐	☐
Die Zusammenarbeit mit anderen gibt auch meinen eigenen Ideen immer neue Anregungen.	☐	☐	☐	☐	☐	☐
Ich bin bereit, meine Ideen und meine Arbeitskraft der Gruppe zur Verfügung zu stellen.	☐	☐	☐	☐	☐	☐
Ich arbeite in der Zusammenarbeit mit anderen sehr zielstrebig und lösungsorientiert.	☐	☐	☐	☐	☐	☐
Ich habe bisher mit anderen im Team immer gut zusammengearbeitet.	☐	☐	☐	☐	☐	☐
Für die Ideen und Meinungen der anderen habe ich immer ein offenes Ohr.	☐	☐	☐	☐	☐	☐

Das nehme ich mir für die Zukunft besonders vor:

____

____

____

3.5 Rollenspiele

Ziele

- Sensibilisierung der Schüler für Rollen und andere Perspektiven
- Förderung der Empathiefähigkeit: sich in das Denken, Fühlen und Handeln anderer hineinversetzen

Beschreibung der Maßnahme

Im Rollenspiel können verschiedene Rollen und die Hintergründe des Handelns wahrgenommen und verstanden werden.

✓ Durch das Ausprobieren verschiedener Rollen wird es für den Schüler leichter, einzelne Personen wie auch Gruppen zu erfassen und zu charakterisieren, die er im Gesamten möglicherweise nicht durchschaut.

✓ Auch erhält er durch eine besondere Sensibilisierung für den zwischenmenschlichen Bereich die Möglichkeit, andere Rollen und Lebensverhältnisse verstehen zu können, sein eigenes Handeln mit den ihm gegebenen Möglichkeiten besser zu erfassen und seine Auswirkungen erkennen zu können.

✓ Zudem ermöglicht ihm diese Rollenvorwegnahme in einem sanktionsfreien Raum, der keine Strafen kennt und ohne Angst bewältigt werden kann, auch seinerseits einen spontanen und flexiblen Umgang mit der einzelnen Rolle.

✓ Nebenbei werden überdies die eigene Sprache und das Sprechen gefördert, die Kreativität und Fantasie ausgebildet und auch das Vertrauen zu anderen Gruppenmitgliedern und der harmonische Umgang mit diesen erweitert.

✓ Selbstwertgefühl und Selbstbewusstsein werden gefördert und gestärkt.

Phasen eines Rollenspiels:

1. Motivationsphase
   → Warm-up-Phase, Spielanlass, Rollenübertragung, Planung des Szenenablaufs, Beobachtungsaufträge
2. Aktionsphase
   → Rollenspiel
3. Reflexionsphase
   → Befragung und Diskussion, Generalisation

Beispiel: Rollenspiel	
1. Motivationsphase Warm-up-Phase, Spielanlass, Rollenübertragung, Planung des Szenenablaufs, Beobachtungsaufträge	**Darstellung der Situation:** Wohin sollen wir auf Klassenfahrt fahren? Einzelnen Schülern können Orte vorgegeben werden und die Schüler müssen im Spiel ihre Orte verteidigen, dafür argumentieren und versuchen sich durchzusetzen.
2. Aktionsphase Rollenspiel	**Durchführung des Rollenspiels.** (Wiederholung ist nach der Reflexion möglich.)
3. Reflexionsphase Befragung und Diskussion, Generalisation	**Gefühlsebene:** Wie ist es den einzelnen Spielern ergangen, was haben sie erlebt und gefühlt? Können sich die einzelnen Spieler in die anderen hineinversetzen und die Perspektive wechseln? **Tipp:** Beobachter einsetzen, die die Außenwirkung der Spieler rückmelden. Effekt der Handlungen: Wurde die Situation durch Kommunikation und Handeln gelöst? War es schwierig?

Alternative Anlässe für Rollenspiele:

1. „Feedback geben und Feedback nehmen“ spielen; z. B. auch Rollen vergeben mit unangebrachter negativer Kritik und konstruktiver Kritik; nach der Reflexion verändert spielen.
2. Mitgefühl und Einfühlungsvermögen zeigen: Wie kann man einen anderen Schüler trösten und unterstützen?

Bezug zu weiteren Maßnahmen

4.2.3 Konfliktgespräche gewaltfrei führen – Giraffen- und Wolfssprache

Kopiervorlagen

KV 23: Gewaltfreie Kommunikation (Rollenspiel)
KV 24: Giraffen- und Wolfssprache

3.6 Verwendung geeigneter Kinder- und Jugendliteratur

Ziele

Verfremdung der Situation durch fiktionale Texte

Beschreibung der Maßnahme

Einen indirekten Einstieg in die Thematik kann eine Lehrkraft finden, indem sie im Unterricht verfremdete, selbst erstellte Texte zur Situation oder auch anderweitige fiktionale Literatur behandelt, die sich auf die Situation von Mobbingfällen beziehen.
Hieran lassen sich vielfältige Problemaspekte aus neutraler Perspektive aufzeigen und analysieren, um sie anschließend auf die eigene Klassensituation zielgerichtet übertragen zu können. Bücher bieten weniger vorgefertigte Urteile, sondern lassen den Leser mit Fragen zurück. Er muss seine eigene Urteilsfähigkeit ausbilden.

Buch-Empfehlungen:

✓ zum Thema „Selbstbewusstsein und Selbstvertrauen"

„Ich wär so gern ...: Wie Sophie ihre Schüchternheit vergaß"
von Bettina Obrecht *ab 10 Jahren*
Die 11-jährige Sophie ist extrem schüchtern. Nur gegenüber Tieren verliert sie ihre Scheu. Auf einem Hof für abgeschobene Tiere lernt sie einen ausgesetzten, total verschüchterten Hund kennen. Sie setzt sich selbst zur Aufgabe, dem Tier mehr Selbstbewusstsein zu vermitteln, und geht darin so auf, dass sie dabei ihre eigene Schüchternheit überwindet ...
Obrecht, Bettina: Ich wär so gern ...: Wie Sophie ihre Schüchternheit vergaß. Stuttgart/Wien: Gabriel Verlag, 2011.

✓ zum Thema „Anders sein"

„Milchkaffee und Streuselkuchen"
von Carolin Philipps *ab 10 Jahren*
Milchkaffee und Streuselkuchen, das sind der 10-jährige Sammy, Sohn eritreischer Einwanderer, und Boris mit den Sommersprossen. Die zwei sind Schüler derselben Klasse, aber keine Freunde. Im Gegenteil, Boris ärgert Sammy ständig wegen seiner Hautfarbe – und weil Sammy ihm den Platz als Klassenbester und am Klavier des Schulorchester streitig macht. Als Sammy bei einem Brandanschlag auf das Haus, in dem er wohnt, an der Hand verletzt wird, ist es ausgerechnet Boris, der vorbeikommt, um Sammy die Hausaufgaben zu bringen.
Philipps, Carolin: Milchkaffee und Streuselkuchen. Hamburg: Carlsen Verlag, 2009.

✓ zum Thema „Gruppenprozesse"

„Die Welle"
von Morton Rhue *13 – 16 Jahre*
In dem Buch „Die Welle" geht es um ein Experiment, das zu weit führte. Beruhend auf einer wahren Geschichte, welche sich 1967 an einer amerikanischen Highschool abspielte. Auslöser war die Aussage der Klasse, dass Verhaltensformen des Nationalsozialismus nicht mehr vorkommen könnten und dass es zur heutigen Zeit nicht mehr möglich ist, dass eine Minderheit eine Mehrheit in den Griff bekommt. Doch es kommt anders ...
Rhue, Morton: Die Welle. Ravensburg: Maier Verlag, 1997.

Herr der Fliegen

von William Golding *12 – 15 Jahre*

Während eines Krieges soll eine Gruppe sechs- bis zwölfjähriger englischer Schuljungen in Sicherheit gebracht werden. Aber sie stranden nach einem Flugzeugabsturz auf einer Pazifikinsel. Keine der erwachsenen Begleitpersonen hat überlebt, deshalb beginnt die Gruppe, ihr Zusammenleben und eine Arbeitsteilung zu organisieren, dazu wählen sie auch einen Anführer. Doch allmählich entwickeln sich Aggressionen unter den Jungen, und es bilden sich verschiedene rivalisierende Gruppen, die sich immer stärker voneinander abgrenzen. Die beiden Parteien geraten schließlich in einen Kampf auf Leben und Tod.

Golding, William: Herr der Fliegen. Frankfurt/M.: Fischer Schatzinsel, 2007.

✓ zum Thema „Verrat und Freundschaft, Machtgier und Zusammenhalt“

Die Perlmutterfarbe

von Anna Maria Jokl *ab 12 Jahren*

Aus dem Schulranzen von „Maulwurf“, einem der beliebtesten Schüler in der A-Klasse, verschwindet ein Töpfchen mit selbst gemischter Farbe, der Perlmutterfarbe. Die ersten Verdächtigungen werden geäußert, das Misstrauen gegenüber der B-Klasse wächst, die Jagd nach einem Sündenbock beginnt.

Dieser Roman über zwei deutsche Schulklassen Anfang der DreißigerJahre, über Verrat und Freundschaft, Machtgier und Zusammenhalt wurde im Jahr 2009 von dem Erfolgsregisseur Marcus H. Rosenmüller („Wer früher stirbt, ist länger tot“) auf die Leinwand gebracht.

Jokl, Anna Maria: Die Perlmuttfarbe. Berlin: Suhrkamp Taschenbuch, 2008.

4.1 Grundlagen der Kommunikation

4.1.1 Das 4-Ohren-Modell

Ziele

- Kennenlernen der vier Möglichkeiten, eine Botschaft auszusenden und umgekehrt auch wahrzunehmen
- Sensibilität für die verschiedenen Kommunikationsebenen gewinnen und Botschaften sozial verträglich aussenden

Beschreibung der Maßnahme

Friedemann Schulz von Thun, Professor für Psychologie, hat ein Kommunikationsmodell entwickelt, welches postuliert, dass jede ausgesendete Nachricht vier verschiedene Botschaften enthält und dementsprechend vom Gegenüber auf vier verschiedenen Ebenen wahrgenommen werden kann. So gibt es bei jeder Botschaft folgende Ebenen:

- ✓ eine Sachebene: Jede Nachricht enthält eine sachliche Mitteilung über reale Sachverhalte, die dementsprechend auch überprüfbar sind. Diese Ebene ist grundsätzlich neutral und bietet kaum Anlass zu Konflikten.
- ✓ eine Selbstoffenbarungsebene: Hier teile ich dem Gegenüber etwas von mir selbst mit und gewähre ihm Einblick in meine Persönlichkeit, indem ich meine Botschaft mit einer persönlichen Wertung versehe. Ein Teil dieser Selbstdarstellung ist hierbei durchaus gewollt. Darüber hinaus offenbare ich aber auch verdeckte Persönlichkeitsstrukturen von mir, die durchaus konfrontativ gedeutet werden können.
- ✓ eine Beziehungsebene: Diese Ebene signalisiert dem Gegenüber zum einen, wie ich persönlich zu ihm stehe und unsere gemeinsame Wir-Ebene definiere, und zum anderen, was ich letztlich von meinem Gegenüber halte. Die Beziehungsseite einer Botschaft wird unter anderem auch durch meine Körpersprache unterstrichen, mit welcher ich meine Äußerungen dem anderen gegenüber untermale. Auch hier bietet sich vielfach Konfliktpotenzial.
- ✓ eine Appellebene: Die vierte Ebene einer Botschaft besitzt schließlich einen appellativen Charakter. Hierin wird zum Ausdruck gemacht, welche zukünftige Reaktion ich gerne von meinem Gegenüber hätte, in welcher Weise mein Kommunikationspartner sein Denken, Fühlen und Handeln verändern sollte. Es geht also um direkte oder auch indirekte Einflussnahme bis hin zur Manipulation des anderen.

<u>Beispiel:</u>
„Ich habe schon auf dich gewartet."

Sachebene: „Ich habe beim Zählen gemerkt, dass wir noch nicht vollzählig sind."
Selbstoffenbarungsebene: „Ich bin ein pünktlicher und zuverlässiger Mensch, der großen Wert auf diese Tugenden legt."
Beziehungsebene: „Du bist unpünktlich, obwohl wir einen festen Termin vereinbart hatten. Ich halte diese Termine auch ein. Dir muss ich wohl noch ein besseres Gefühl für Pünktlichkeit beibringen."
Appellebene: „Sei beim nächsten Mal pünktlicher!"

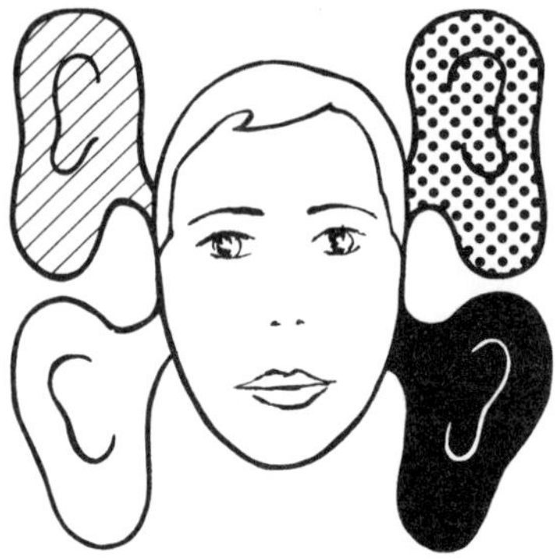

Das 4-Ohren-Modell von Friedemann Schulz von Thun

Nun kann es aber sein, dass die ausgesendete Botschaft und das Ohr, mit welchem das Gegenüber die Botschaft wahrnimmt, nicht übereinstimmen. So kann es aufgrund der verschiedenen Gesprächsebenen zu Missverständnissen und Konflikten kommen, die durch eine geeignete Schulung möglichst im Vorfeld beseitigt werden sollten. Der Sender einer Botschaft sollte so lernen zu erkennen, auf welchen Ebenen seine Botschaft vom Gegenüber noch wahrgenommen werden könnte und sich ggf. durch Rückfragen versichern, ob die Botschaft auch so angekommen ist, wie sie wirklich gemeint war. Der Empfänger der Botschaft wiederum sollte überlegen, was ihm der Sender möglicherweise noch alles mit der Aussage mitteilen wollte und welche Rückschlüsse er hieraus für die gemeinsame Interaktion ziehen sollte.

Kopiervorlagen

KV 18: Kompetenzcheck zur eigenen Kommunikationsfähigkeit
KV 19: Das 4-Ohren-Modell

Kompetenzcheck zur eigenen Kommunikationsfähigkeit

	trifft voll zu					trifft nicht zu
In andere Menschen kann ich mich gut hineinversetzen.	☐	☐	☐	☐	☐	☐
Wenn ich mit anderen Menschen zusammentreffe, kann ich für eine gute Gesprächsatmosphäre sorgen.	☐	☐	☐	☐	☐	☐
Wenn mir Mitmenschen etwas erzählen, kann ich ihnen gut zuhören.	☐	☐	☐	☐	☐	☐
Ich kann gut wiedergeben/wiederholen, was mir meine Mitmenschen erzählen.	☐	☐	☐	☐	☐	☐
Im Gespräch mit anderen lasse ich diese ausreden und falle ihnen nicht ins Wort.	☐	☐	☐	☐	☐	☐
Ich kann meinen Mitmenschen positives Feedback geben und kritisiere sie nicht nur durch negative Worte.	☐	☐	☐	☐	☐	☐
Für die Anliegen meiner Mitmenschen habe ich immer viel Verständnis.	☐	☐	☐	☐	☐	☐
Wenn mich Mitmenschen kritisieren, kann ich das offen annehmen und mit ihnen ruhig darüber reden.	☐	☐	☐	☐	☐	☐
Wenn ich wichtige Gespräche mit anderen führe, weiß ich, wie ich mich gezielt darauf vorbereiten kann.	☐	☐	☐	☐	☐	☐
Wenn andere erzählen, kann ich ihnen meine persönliche Meinung dazu sagen.	☐	☐	☐	☐	☐	☐
Wenn ich wichtige Gespräche mit anderen führe, bereite ich mich gezielt darauf vor.	☐	☐	☐	☐	☐	☐
Im Gespräch mit anderen verwende ich bewusst meine Körpersprache zum Unterstützen meiner Worte.	☐	☐	☐	☐	☐	☐
Wenn ich mit anderen rede, kann ich eine gute persönliche Beziehung zu diesen herstellen.	☐	☐	☐	☐	☐	☐
Wenn ich mit anderen rede, fallen mir immer die richtigen Worte ein.	☐	☐	☐	☐	☐	☐
Ich weiß, wie ich das Gespräch mit anderen gezielt steuern kann.	☐	☐	☐	☐	☐	☐
Ich kann mich immer klar und verständlich ausdrücken, sodass der andere weiß, was ich ihm sagen will.	☐	☐	☐	☐	☐	☐

Das nehme ich mir für die Zukunft besonders vor:

____

____

____

Das 4-Ohren-Modell oder: die vier Seiten einer Botschaft

Es gibt verschiedene Möglichkeiten, wie dein Gegenüber eine Äußerung von dir aufnehmen kann. Man unterscheidet vier Ebenen:

- Sachebene: Der andere will dir ganz neutral einfach mitteilen, was er beobachtet hat.
- Selbstoffenbarungsebene: Der andere will dir von sich sagen, was er selbst für richtig hält und wie er es gewöhnlich macht.
- Beziehungsebene: Der andere will dir sagen, wie er seine Beziehung zu dir sieht.
- Appellebene: Der andere möchte, dass du dein Verhalten änderst.

Die folgenden Sätze sollen dir dabei helfen, diese vier Seiten einer Nachricht ein wenig genauer zu ergründen und zu überlegen, was hinter einer Aussage stecken kann. Sprich im Wechsel mit deinem Partner die folgenden Sätze und versuche mit ihm gemeinsam, sie auf den verschiedenen Ebenen zu deuten.

„Ich möchte heute allein bleiben."

„Dieses Klassenzimmer ist ziemlich schmutzig."

„Manche Gespräche langweilen mich."

„Deine Kleidung sieht ulkig aus."

„Ich finde unser Spiel total langweilig."

„Mein Stift ist vom Tisch gefallen."

Überlege nun:

1. Welche Erfahrungen hast du bei dieser Übung gemacht?

2. Hast du bemerkt, dass dein Gegenüber jeweils anders reagiert, wenn du eine bestimmte Ebene für die Botschaft/für das Aufnehmen der Botschaft verwendest?

3. Hast du an dir eine Seite bemerkt, mit der du besonders gerne Botschaften an andere versendest? Wenn das so ist: mit welcher Seite?

4. Gibt es an dir ein Ohr, mit dem du die Mitteilungen der anderen besonders gern aufnimmst? Wenn das so ist: mit welchem Ohr?

5. Was hilft dir besonders gut dabei, alle vier Ebenen einer Botschaft zu erkennen?

6. Entstehen Auswirkungen auf dein eigenes Gesprächsverhalten, wenn du bewusst versuchst, auch die anderen Ebenen und Ohren zu berücksichtigen?

7. Kannst du bestimmte Situationen erkennen, in denen man besser nur mit einem bestimmten Ohr hört/einer bestimmten Botschaft spricht? Wann könnte das der Fall sein?

4.1.2 Aktives Zuhören

Ziele

- Achten auf die Details der Aussagen des anderen
- Wiedergeben der Kernaspekte mit eigenen Worten
- Gezieltes Stellen von Interpretationsfragen

Beschreibung der Maßnahme

Im Gespräch miteinander ist es für die Entwicklung eines angemessenen Kommunikationsverhaltens und Meinungsaustausches wesentlich, sich auf die Botschaft des anderen zu fokussieren und die Kernaspekte, die einem das Gegenüber mitteilen möchte, auch wirklich wahrzunehmen. Soll ein Gespräch nicht nur oberflächlich bleiben und einem Aneinandervorbeireden Platz machen, so müssen gezielte Tipps für richtiges Zuhören vermittelt und im konkreten Gespräch umgesetzt werden.
Hierfür ist es günstig, wenn die Schüler dieses Verfahren zunächst in Dreiergruppen üben. Folgende Rollen sind hierbei zu verteilen:

- ✓ Erzähler (A), der eine bestimmte Begebenheit schildert
- ✓ Zuhörer (B), der nach den Regeln richtigen Zuhörens das Gesagte zunächst anhört und dann mit eigenen Worten wiedergibt
- ✓ neutraler Beobachter (C), der das Gespräch von außen beobachtet und auf die Kommunikationsabläufe achtet

Nach dem Erzählen von A und der Wiedergabe des Gesagten von B äußert A zunächst, ob er in seinen Gedanken richtig wiedergegeben wurde. Anschließend schildert C, wie er das Gespräch und dessen Wiedergabe als Externer empfunden hat, wo es in der Wiedergabe möglicherweise Probleme gab und Fehlinterpretationen stattfanden oder bestimmte Gesprächstechniken nicht eingehalten wurden. Schließlich schildert B, wie er das Gespräch aus seiner Sicht erlebt hat.

Im Anschluss daran werden die Rollen getauscht, sodass jeder Schüler einmal als A, einmal als B und einmal als C fungiert.

Mögliche Reflexionsfragen für die Kleingruppe:

- ✓ Wie hast du dich als A gefühlt, als dir B zugehört hat? Wie ist es, wenn einem jemand intensiv zuhört? Wie ist es, wenn der andere die eigenen Gedanken mit den richtigen Worten/falsch wiedergibt?
- ✓ Wie hast du dich als B gefühlt, wenn du einem anderen intensiv zuhörst und versuchen musst, seine wesentlichen Gedanken mit eigenen Worten zusammenzufassen? Konntest du A auch längere Zeit zuhören oder gab es Konzentrationsprobleme? Woran lag das möglicherweise? Was ist dir beim Zuhören leicht-, was schwergefallen?
- ✓ Wie hast du als C das Gespräch von zwei Personen erlebt? Wie hat es für dich als neutraler Zuhörer gewirkt? Welche Tipps konntest du aus dem Zuhören für dich ableiten?

Kopiervorlagen

KV 20: Gesprächsregeln zum aktiven Zuhören

Gesprächsregeln zum aktiven Zuhören

Regeln für den Zuhörer:

1. Ich lasse den anderen aussprechen und falle ihm nicht ins Wort.

2. Ich signalisiere dem Sprecher, dass ich ihm auch wirklich zuhöre (z. B. durch direktes Ansehen, durch Kopfnicken auf seine Äußerungen usw.).

3. Wenn ich etwas nicht verstanden habe, frage ich den anderen am Ende seiner Ausführungen.

4. Ich zeige dem Sprecher, dass ich ihn verstanden habe, indem ich das Gesagte noch einmal mit eigenen Worten zusammenfasse. Hierbei kann ich so beginnen:
   - „Du hast erzählt, dass …"
   - „Habe ich dich richtig verstanden, dass …?"

5. Ich respektiere die Meinung des anderen, auch wenn ich sie nicht teile.

6. ____

Regeln für den Sprecher:

1. Ich erzähle zusammenhängend.

2. Wenn ich an den Gesichtern der Zuhörer merke, dass sie etwas nicht verstanden haben, gebe ich ihnen die Gelegenheit zum Nachfragen.

3. Ich erzähle in der Ich-Form, damit meine Meinungen/Gefühle etc. deutlich werden („Ich meine …", „Ich habe … erlebt", „Ich finde …").

4. Ich verwende keine Wörter wie „immer" oder „nie", da es so in der Regel nicht stimmt und zu sehr verallgemeinert.

5. Am Ende meiner Erzählung frage ich die Zuhörer, ob sie meine Ausführungen verstanden haben.

6. ____

4.1.3 Ich-Botschaften

Ziel

Mitteilen der eigenen Wahrnehmungen und Gefühle auf eine das Gesprächsklima positiv beeinflussende und deeskalierende Weise

Beschreibung der Maßnahme

Die Kommunikationspsychologie unterscheidet beim Gespräch mit anderen Menschen sogenannte Ich-Botschaften und Du-Botschaften. Während eine Du-Botschaft vielfach eine persönliche Wertung enthält, die vom anderen als Verletzung, Drohung oder Maßregelung verstanden werden kann, teilen Ich-Botschaften dem anderen offen und ehrlich das persönlich Beobachtete mit. Außerdem enthalten sie eine Aussage dazu, was das Beobachtete für einen selbst bedeutet. Wird eine Ich-Botschaft gelungen ausgesendet, so schildert sie dem Gegenüber zum einen neutral und nicht wertend das Wahrgenommene; zum anderen deutet sie an, welche emotionalen Auswirkungen diese Beobachtung auf die eigene Person hat.

Beispiele für Du-Botschaften:

- ✓ „Du bist unverschämt."
- ✓ „Immer redest du, wenn du nicht gefragt bist."
- ✓ „Du solltest besser auf die Uhr sehen und dir Pünktlichkeit angewöhnen."

Beispiele für Ich-Botschaften:

- ✓ „Ich ärgere mich, wenn du bei anderen schlecht über mich redest."
- ✓ „Ich bin wütend, wenn du mich jedes Mal einige Minuten warten lässt."
- ✓ „Ich freue mich, weil du mir beim Aufräumen geholfen hast."

Durch die richtige Verwendung von Ich-Botschaften erfährt das Gegenüber also zum einen die von mir wahrgenommenen Sachverhalte und zudem die Gefühle, die sich dabei in mir entfalten bzw. warum sich diese entwickeln. Ich-Botschaften bieten hierdurch die Möglichkeit, im persönlichen Gespräch mit dem anderen deeskalierend zu wirken und stattdessen ein Gesprächsklima zu schaffen, das partnerschaftlich, vertrauensvoll und lösungsorientiert geprägt ist.

Kopiervorlagen

KV 21: Ich formuliere Ich-Botschaften

Ich formuliere Ich-Botschaften

In den folgenden Botschaften wird eine oft verletzende Du-Formulierung gebraucht. Versuche die Du-Botschaften in geeignete Ich-Botschaften zu übersetzen!

„Du hörst mir nie richtig zu, wenn ich mit dir rede."

„Du gibst immer so an, wenn du erzählst, was du dir wieder Neues gekauft hast."

„Du bist einfach unbegabt und störst unsere Gruppe, wenn du bei uns mitmachst."

Formuliere nun selbst zu folgenden Situationen aus dem Alltag eine geeignete Ich-Botschaft!

1. Du möchtest dich am Nachmittag mit deinem Freund in der Stadt treffen und hast das schon lange vorher in der Schule vereinbart. Fünf Minuten bevor du losfährst, ruft dich dein Freund an, dass er nun doch keine Zeit für dich hat.

2. Du stehst in der Schule beim Pausenverkauf an und wartest schon länger. Auf einmal kommt ein Mitschüler und drängelt sich vor dich.

4.1.4 Angebote zur Förderung der Kommunikation

Ziel

Spielerisches Aufeinanderzugehen und dialogisch-friedfertiges Kommunizieren

Beschreibung der Maßnahme

Partnerspiele:
Gefühls-Spiegel: Die Partner stehen sich gegenüber. Mit Gestik und Mimik werden Gefühle (Freude, Ärger, Wut, Trauer, Entsetzen etc.) ausgedrückt und vom anderen gespiegelt.

Mein Körper kann sprechen: Um andere Menschen gut verstehen zu können, sind neben der sprachlichen Ausdrucksmöglichkeit Mimik und Gestik besonders wichtig. Es bietet sich an, Schülern Übungssituationen anzubieten, indem ein Teil der Schüler durch Mimik und Gestik ein bestimmtes Gefühl oder eine bestimmte Stimmung darstellt und der andere Teil errät, was dargestellt wird.

Bilddiktat: Zwei Schüler malen jeweils eine Bildvorlage und diktieren sich gegenseitig, wie ihre Bildvorlage aussieht.
Variation: Zwei Schüler malen mit einem Stift auf ein Blatt ein gemeinsames Bild, ohne zu sprechen.

Marionettenspiel: Zwei Partner stehen sich gegenüber. Am besten steht der eine auf einem Stuhl. Dieser zieht an unsichtbaren Fäden und bewegt so die Marionette. Es darf nicht gesprochen werden.

Gruppenspiele:
Schatzkiste: In der Mitte des Kreises steht eine Kiste mit diversen Gegenständen bzw. auf einer Decke liegen diverse Bilder aus. Jeder Schüler sucht sich einen Gegenstand aus und muss sich ausdenken, warum er genau diesen mag, und der Gruppe eine kleine Geschichte dazu erzählen.

Wortkette: Dieses Spiel wird im Gesprächskreis durchgeführt. Ein Schüler beginnt mit einem zusammengesetzten Nomen, der nächste Schüler muss mit dem zweiten Teil des Nomens ein neues zusammengesetztes Nomen bilden usw. (z. B. Fußball – Ballsport – Sportplatz – …)

Pantomimespiel: Berufe werden pantomimisch dargestellt, die Schüler erraten diese.

Der gespielte Witz: Eine Kleingruppe bekommt einen Witz oder eine kleine Szene in Textform. Die Kleingruppe (drei oder vier Kinder) soll den Witz darstellen, die Großgruppe darf raten.

Literaturempfehlung

Mitschka, Ruth: Die Klasse als Team. Ein Wegweiser zum Sozialen Lernen in der Sekundarstufe. Linz: Veritas Verlag, 1999.
Rooyackers, Paul: Spiele zur Förderung von Kommunikation und Ausdruck. München: Don Bosco Verlag, 1999.
Baer, Ulrich: 666 Spiele für jede Gruppe, für alle Situationen. Sulze-Velber: Kallmeyer, 2009.

4.2 Konfliktfähigkeit

Ziele

4.2.1 Entwickeln von Konfliktkompetenz

- Erkennen von Konfliktsituationen
- Beherrschen von Strategien zur Deeskalation und friedlichen Konfliktlösung

Beschreibung der Maßnahme

Schüler werden im Schulalltag wie auch in ihrer Lebenswelt mit einer Reihe von konflikthaltigen Situationen konfrontiert, die oftmals hochemotional und mit negativen Gefühlen besetzt sind. Als Basis einer konfliktgerechten Austragung von Auseinandersetzungen ist es deshalb wesentlich, Konfliktpotenziale von Begegnungen rechtzeitig zu erkennen und offen anzunehmen. Des Weiteren gilt es, die eigenen wie auch die fremden Bedürfnisse in dieser Situation wahrzunehmen und die Sichtweise des Konfliktpartners grundsätzlich zu akzeptieren.

Erst in einem nächsten Schritt geht es nun darum, zielgerichtet einer Eskalation der Konfliktsituation vorzubeugen, bei der es Gewinner und Verlierer gibt. Konfliktfähigkeit zeichnet sich dadurch aus, dass man in derartigen Situationen die eigene Meinung offen und selbstbewusst vertritt, ohne den anderen dabei zu verletzen oder in die Enge zu treiben. Vielmehr sollen aus derartigen Situationen gemeinsame Lösungsansätze erwachsen, die nach einer grundlegenden Analyse des Problems im Sinne einer Win-win-Situation für alle Beteiligten Perspektiven für eine konstruktive weitere Zusammenarbeit erbringen.

J. Walker (1995) nennt einige aus ihrer Sicht unverzichtbare und grundlegende soziale Kompetenzen als Voraussetzungen einer konstruktiven und produktiven Konfliktbewältigung:

- ✓ Achtung vor sich selbst und anderen
- ✓ Bereitschaft zum Zuhören und Verständnis
- ✓ Einfühlungsvermögen
- ✓ Selbstbehauptung
- ✓ Zusammenarbeit in der Gruppe
- ✓ Aufgeschlossenheit und kritisches Denken
- ✓ Fantasie, Kreativität und Fleiß

Als gelungene Möglichkeit, die Multiperspektivität einer Wahrnehmung zu erkennen, schlagen Böttcher/Lindart (2009, S. 114 f.) folgendes Verfahren vor:

1. Betrachtung eines Gegenstandes aus verschiedenen Positionen durch die Schüler
2. Festhalten der gemachten Beobachtungen auf Beobachtungskarten und Austausch der Karten (Lehrkraft gibt die eigenen Wahrnehmungen ebenfalls dazu, z. B. aus einer Metaperspektive, aus der heraus sie die Schüler in ihrem Beobachtungsprozess beschreibt)
3. Reflexion im gemeinsamen Gespräch, dass derselbe Gegenstand aus verschiedenen Perspektiven unterschiedlich wahrgenommen wird und wie diese unterschiedlichen Sichtweisen zustande kommen

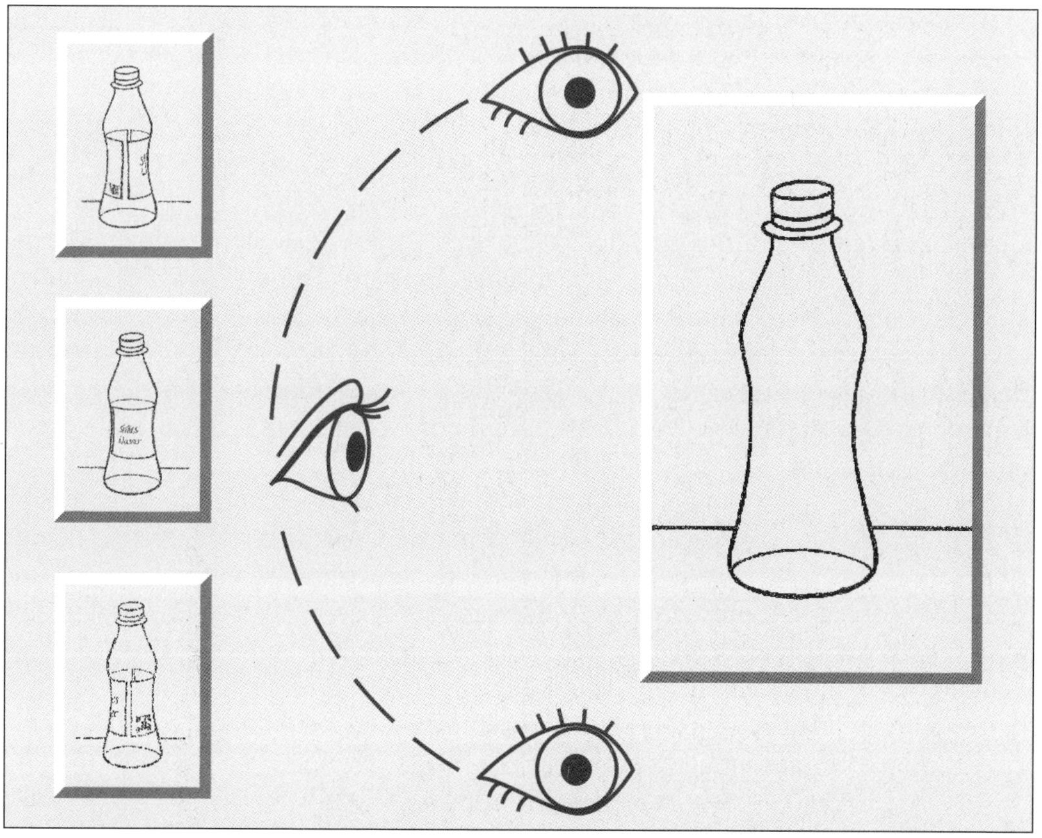

„Ein Gegenstand, drei Perspektiven“ nach Wolfgang Böttcher und Marc Lindart

4. Transfer dieser Beobachtungen auf alltägliche Begegnungen zwischen Menschen
5. Überlegung, was man tun kann, um sich in die Perspektive des jeweils anderen hineinzuversetzen

Im Anschluss hieran gilt es, mögliche Strategien zur Konfliktlösung zu erfahren und zu reflektieren (vgl. Böttcher/Lindart 2009, S. 116f.):

1. Vermeidung
   → dem Konflikt aus dem Weg gehen und darauf hoffen, dass er sich von selbst löst
   Gefahr: Konflikt schwelt weiter und potenziert sich beim nächsten Mal (Verlierer-Verlierer)
2. Nachgeben
   → Anpassung an die Wünsche des anderen
   → nur sinnvoll, wenn keine Aussicht auf eine anderweitige Lösung besteht und die Gegenpartei überlegen ist
   Gefahr: eigene Frustrationserlebnisse und Sinnen auf Rache (Gewinner-Verlierer)
3. Durchsetzen
   → eigene Interessen um jeden Preis durchsetzen
   Gefahr: Frustration des anderen und dessen möglicher Versuch, sich zu rächen (Gewinner-Verlierer)
4. Kompromiss
   → gegenseitiges Aufeinanderzugehen
   Gefahr: Jeder gewinnt ein bisschen, verliert aber auch ein wenig.

5. Kooperation
   → lösungsorientiertes Bearbeiten des Konfliktes
   → Ausblenden einer möglichen Ursachen- und Schuldfrage
   → Ziel: beidseitiger Gewinn, der alle Interessen berücksichtigt und eine kreative Lösung beinhaltet (Synergieeffekte) (Gewinner-Gewinner)

Üben lässt sich eine derartige Konfliktlösung in Form von Rollenspielen in kleineren Gruppen (vier bis fünf Schüler) zu fiktiven Konflikten (Hinweis auf Spielcharakter). Die beiden Konfliktparteien arbeiten sich jeweils in ihre Sichtweise ein und gehen dann in die Auseinandersetzung mit der anderen Konfliktpartei. Hierbei werden sie von jeweils zwei bis drei Außenstehenden beobachtet, die als neutrale Beobachter fungieren und ihre Wahrnehmungen schildern (Achten auf Körpersprache, Ausdruck, Stimmlage, Wortwahl etc.). Im Anschluss an das Konfliktgespräch gilt es, alle beteiligten Konfliktpartner wieder in die Realität zurückzuführen (z. B. durch Musik). In einer gemeinsamen Reflexion schildern nunmehr die beiden Konfliktparteien wie auch die Beobachter ihre jeweiligen Wahrnehmungen und Emotionen aus der Konfliktsituation. Abschließend sollen von allen Beteiligten zielführende Lösungsmöglichkeiten des Konflikts gefunden werden. Die Lehrkraft weist ihrerseits noch einmal auf alle denkbaren Konfliktbewältigungsstrategien hin, betont jedoch, dass in der Regel die Kompromiss- und insbesondere die Kooperationsstrategie am gewinnbringendsten sind.

Kopiervorlagen

KV 22: Kompetenzcheck zur eigenen Konfliktfähigkeit

Kompetenzcheck zur eigenen Konfliktfähigkeit

	trifft voll zu					trifft nicht zu
Wenn ich mit anderen in Konflikt gerate, beharre ich stets auf meiner Meinung.	☐	☐	☐	☐	☐	☐
In Konfliktsituationen mit anderen kann ich meine eigene Meinung in jedem Fall klar und deutlich vertreten.	☐	☐	☐	☐	☐	☐
Ich gebe dem Konfliktpartner bei Problemen nicht die alleinige Schuld, sondern betrachte die Situation sachlich.	☐	☐	☐	☐	☐	☐
Wenn ein Konflikt vorgefallen ist, suche ich nicht nach den Ursachen oder nach den Schuldigen, sondern nach einer gemeinsamen Lösung für alle.	☐	☐	☐	☐	☐	☐
Bei Konflikten bin ich daran interessiert, zu einer gemeinsamen Lösung zu kommen, die für alle Beteiligten akzeptabel ist.	☐	☐	☐	☐	☐	☐
Ich bin der Überzeugung, dass die Meinung der anderen in Konfliktsituationen genauso berechtigt ist wie meine Meinung.	☐	☐	☐	☐	☐	☐
In die Position meiner Konfliktpartner kann ich mich recht gut hineinversetzen.	☐	☐	☐	☐	☐	☐
Bei Konflikten beleidige ich meine Konfliktpartner nicht, sondern bleibe sachlich, höflich und ruhig.	☐	☐	☐	☐	☐	☐
Wenn ein Konfliktpartner seine Meinung äußert, kann ich ihm zuhören, ohne ihn zu unterbrechen.	☐	☐	☐	☐	☐	☐
Ich akzeptiere grundsätzlich, dass man in vielen Situationen unterschiedlicher Meinung sein kann.	☐	☐	☐	☐	☐	☐
Im Umgang mit Konflikten gelingen mir in der Regel positive Lösungen für alle.	☐	☐	☐	☐	☐	☐
Ich sehe Konflikte nicht als Problem an, sondern als spannende Möglichkeit, auch andere Meinungen kennenzulernen.	☐	☐	☐	☐	☐	☐
Konflikte bieten für mich viele Möglichkeiten zu Wachstum und Verbesserung unserer gegenseitigen Beziehungen.	☐	☐	☐	☐	☐	☐
Ich bin immer bereit, in Konfliktsituationen meinen Beitrag zu leisten, eine gute Lösung für alle Beteiligten zu finden.	☐	☐	☐	☐	☐	☐

Das nehme ich mir für die Zukunft besonders vor:

____

____

____

____

____

4.2.2 Konfliktverhalten – Umgang mit Killerphrasen

Ziele

- Kennenlernen von Möglichkeiten, auf Beleidigungen anderer zu reagieren
- Adäquate Reaktion auf Killerphrasen

Beschreibung der Maßnahme

Im täglichen Umgang mit den Mitmenschen kommt es immer wieder vor, dass einem diese nicht sachlich begegnen und argumentieren, sondern beleidigend und „unterhalb der Gürtellinie" Pauschalurteile bzw. Vorwürfe aussprechen, die vielfach gezielt verletzen sollen. Es handelt sich dabei um sogenannte Killerphrasen.

Beispiele:

✓ „Wie kann man nur immer so ungeschickt sein wie du?"
✓ „Du bist doch bei jedem Unsinn dabei."
✓ „Bei dir besteht wohl nie die Hoffnung, dass sich etwas bessert."
✓ „Du bist doch für nichts zu gebrauchen."

Um die Situation hier nicht eskalieren zu lassen, ist es wichtig, sich bereits im Vorfeld mögliche Umgangsmuster auf derartige Äußerungen zurechtzulegen, die einen in der realen Situation einen kühlen Kopf bewahren lassen und die Aussage an die eigene innerste Seelenwelt gar nicht in dem Maße herankommen zu lassen, wie es das Gegenüber sich möglicherweise erhofft. Hierzu ist es zunächst wichtig, erst einmal tief durchzuatmen und nicht sofort zu reagieren, sondern seine Gedanken vielmehr zu sammeln. Im Weiteren empfehlen Böttcher/Lindart folgende vier Vorgehensweisen:

✓ „*Diplomatie* – den Einwand versachlichen und konkretisieren
  - Wie ist der Eindruck bei dir entstanden?
  - Ich denke, wir sollten wieder auf eine Sachebene kommen.

✓ *Gegenwehr* – Grenzen aufzeigen
  - Du gehst hier definitiv zu weit.
  - So lasse ich nicht mit mir reden.

✓ *Humor* – den Angriff ironisieren
  - Guter Witz – und was denkst du wirklich?
  - Spaß beiseite – kommen wir wieder zur Sache.

✓ *Gegenfrage* – den Ball zurückspielen
  - Was veranlasst dich zu dieser Meinung?
  - Wo liegen deine Vorstellungen?" (Böttcher/Lindart 2009, S. 108)

In kurzen Partnereinheiten können genau diese Umgangsformen geübt werden, indem zunächst der eine Schüler eine Killerphrase vorgibt (darauf achten, dass hier nichts persönlich/wörtlich genommen wird, sondern das Ganze nur eine Übung ist) und der andere hierauf reagieren muss und im Anschluss daran die Rollen getauscht werden. Jeder mit der Killerphrase Konfrontierte muss versuchen, mehrere Möglichkeiten der Antwort zu finden.

Im Anschluss wird das Gespräch reflektiert und überlegt:

- ✓ Wie habe ich mich gefühlt, als ich mit dieser Killerphrase konfrontiert wurde?
- ✓ Welche Reaktion lag mir spontan auf der Zunge?
- ✓ Welche Reaktionsmöglichkeiten gab es insgesamt?
- ✓ Wie hat der andere jeweils auf meine Antworten reagiert?
- ✓ Welche Reaktionsform hat sich als die günstigste erwiesen, um die Situation nicht eskalieren zu lassen?

- ✓ Wie habe ich mich gefühlt, als ich dem anderen eine Killerphrase „entgegengeschleudert" habe?
- ✓ Wie konnte ich mit seinen Reaktionen umgehen?
- ✓ Was hat mich am meisten überzeugt, was noch mehr in Wut versetzt?

- ✓ In welchen Lebenssituationen sind mir derartige Killerphrasen schon begegnet?
- ✓ Wie habe ich damals darauf reagiert, wie würde ich heute darauf reagieren?
- ✓ In welchen zukünftigen Situationen könnten derartige Killerphrasen auf mich zukommen? Wie sollte ich dann darauf reagieren?

4.2.3 Konfliktgespräche gewaltfrei führen – Giraffen- und Wolfssprache

Ziele

- Einsicht in die potenzielle Aggressivität von Sprache
- Kennenlernen verschiedener Sprachmuster
- Gewaltfreies Austragen von Konfliktgesprächen
- Praktizieren von aktivem Zuhören

Beschreibung der Maßnahme

Verbale Streitereien gehören zum täglichen menschlichen Zusammenleben und ereignen sich auf vielfache Weise auch im Kontext von Schule. Um diese Konfliktsituationen nicht eskalieren zu lassen, bedarf es zunächst einer angemessenen Sprache, die den anderen als Person mit seiner individuellen Würde wertschätzt und ihn als Gesprächspartner anerkennt. Hierfür ist es hilfreich, Schüler für die jeweils im Sprachverhalten implizit versteckten Botschaften zu sensibilisieren und einen adäquaten Umgangston einzuüben. Modellhaft führt die Lehrkraft hierzu in die Techniken der Giraffensprache sowie der Wolfssprache ein und charakterisiert deren jeweilige Spezifika.

Giraffensprache

✓ teilt dem anderen mit, was einen stört, ohne ihn zu verletzen
✓ offenbart dem anderen die eigenen Gefühle
✓ legt die eigenen Wünsche deutlich dar
✓ formuliert konkret eine Bitte bzw. einen Wunsch an den anderen

„Das größte Herz aller Landtiere auf der Welt hat die Giraffe. Sie braucht so ein großes Herz, um das Blut durch den langen Hals bis in den Kopf zu pumpen. Die Giraffe lebt friedlich mit den anderen Tieren zusammen, mit den Antilopen, den Zebras, den Löwen und den Elefanten.
Die Giraffe hat einen langen Hals und sieht die Welt mehr von oben. Daher kann sie vieles sehen und beobachten, was andere Tiere nicht sehen können.
Sie nimmt keinem Tier etwas weg, weil sie mit ihrem langen Hals nur dort frisst, wo kein anderes Tier hinkommt. Es gibt somit keinen Streit mit der Giraffe, und sie kann mit allen friedlich zusammenleben." (PIT 2011, S. 86)

Wolfssprache

✓ verletzt den anderen mit Worten
✓ redet schlecht über den anderen
✓ enthält einen Ausdruck von Wut
✓ sucht gezielt den Streit mit dem anderen

„Wölfe stehen hier für Lebewesen, die nicht den Überblick wie die Giraffen haben und nicht über ein so großes Herz verfügen. Wenn Wölfe wütend sind, dann schnappen sie zu, knurren andere an und verletzen sie in irgendeiner Weise. Wenn Wölfe Angst haben, dann verstecken sie ihre Gefühle und sagen nicht, wie es ihnen wirklich geht." (PIT 2011, S. 87)

Sind diese Merkmale besprochen, so wird gemeinsam herausgearbeitet, an welchen Botschaften in einem Gespräch man die beiden Sprachmuster erkennen kann. Mehr als der jeweilige Wortlaut ist es die Einstellung des Sprechers zum Gegenüber, die sich hierin niederschlägt.

Beispielhaft sollen die Schüler nun anhand mehrerer Sätze, die ihnen der Lehrer in der Wolfssprache vorgibt, versuchen, diese in eine weniger verletzende Giraffensprache zu übertragen.

Ein anschließendes Rollenspiel kann zunächst eine ungeeignete Gesprächssituation wiedergeben, die von Schülern freiwillig vorgespielt wird und von der Klasse gemeinsam reflektiert wird. Im Anschluss daran werden Kleingruppen gebildet, die die nunmehr besprochenen Sprachmuster der Giraffensprache im gegenseitigen Dialog anwenden, wobei zwei Schüler die Dialogpartner spielen und der dritte Schüler den neutralen Beobachter spielt. Der Beobachter achtet auf

- ✓ die Körpersprache der Konfliktpartner (Kopfhaltung, Blickkontakt, Gestik, Mimik, Arm- und Beinbewegungen etc.) und
- ✓ die Sprache der Konfliktpartner (Lautstärke, Tonfall, Sprechtempo, Wortwahl, Gesprächshäufigkeit, Ich- oder Du-Botschaften).

Die Rollen sollten hier reihum gewechselt werden, bis eine gelungene Lösung gefunden wird, mit der alle Gruppenmitglieder einverstanden sind. Die Lösungsmuster der einzelnen Gruppen werden sodann der Klasse vorgestellt und erneut gemeinsam reflektiert.

Kopiervorlagen

KV 23: Gewaltfreie Kommunikation (Rollenspiel)
KV 24: Giraffen- und Wolfssprache

Gewaltfreie Kommunikation (Rollenspiel)

(aus: PIT, S. 88)

Die vier Säulen der gewaltfreien Kommunikation	Was gehört zur gewaltfreien Kommunikation?
1. Erst nur beobachten, nicht bewerten Versuche, genau zu beobachten, was geschieht. Teile dann dem anderen deine Beobachtung ohne eine Bewertung mit.	• Beschränke dich beim Streit auf konkrete Handlungen, die du beobachtet hast (Dinge, die man sehen kann) und die dein Wohlbefinden beeinträchtigen.
2. Gefühle ausdrücken Teile erst danach mit, wie du dich fühlst, wenn du diese bestimmte Handlung erlebst/beobachtest.	• Im zweiten Schritt sagst du, wie du dich fühlst in Verbindung mit der Beobachtung, die dich gestört hat.
3. Bedürfnisse erkennen und akzeptieren Versuche zu verstehen, welche Bedürfnisse den anderen dazu verleitet haben, so mit dir zu sprechen, wie es dir nicht gefällt.	• Gewaltfreier Umgang mit einem anderen setzt voraus, dass ich die Bedürfnisse, seine Wünsche, seine Werte (was ihm wichtig ist) erkenne und sehe, dass seine Gefühle, die mich verletzen, daraus entstanden sind.
4. Bitten aussprechen Mache dir klar, was du vom anderen möchtest oder brauchst und sage ihm dies ohne Vorwurf oder Aggression.	• Gewaltfrei wird eine Auseinandersetzung, wird ein Konflikt, wenn ich den anderen nicht beschimpfe, beleidige oder herabsetze, sondern ihn um eine bestimmte Handlung, Reaktion oder Verhaltensweise bitte, damit wir beide besser miteinander klarkommen.

Bildet ein Dreierteam.
Spielt nun im Rollenspiel diese vier Säulen durch. Übt reihum, sodass jeder einmal an die Reihe kommt. Das Rollenspiel darf je Runde nur wenige Sätze enthalten.
Einer ist Partner A, der andere ist B, der Dritte beobachtet, wie ihr miteinander redet und ob ihr die Regeln einhaltet. Wenn ihr mit dem Rollenspiel fertig seid, gibt der Dritte euch eine freundliche oder wertschätzende Rückmeldung.

Vorschläge für Rollenspiele:
1. Dein Freund (B) hat sich ein schönes Buch von dir (A) ausgeliehen und es seit Wochen nicht zurückgegeben, obwohl du ihn schon oft gemahnt hast. Du bist sehr verärgert. Heute sprichst du ihn deswegen wieder an.
2. Du kommst in die Schule und triffst deinen Freund. Er macht sich über deine Kleidung lustig. Du ärgerst dich, weil du deine Kleidung toll findest. Ihr streitet euch.
3. Du möchtest in der Pause mit deinem Freund ein wichtiges Gespräch unter vier Augen führen. Er möchte aber lieber mit anderen Klassenkameraden die Pause verbringen. Du ärgerst dich, weil dir das Gespräch wirklich sehr wichtig ist.

Giraffen- und Wolfssprache

Im Folgenden siehst du vier Sätze, die in der Wolfssprache geschrieben sind (aggressiv/beleidigend/verletzend). Überlege dir zunächst eine Situation, in der diese Sätze gefallen sein könnten und versuche dann, sie in die Giraffensprache zu übersetzen (freundlich/besänftigend/verständnisvoll)!

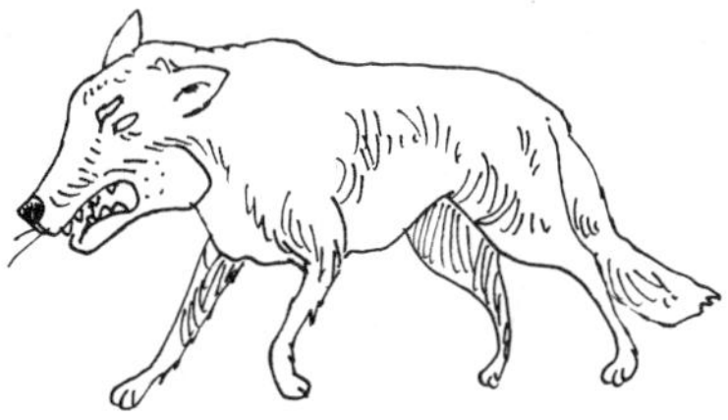

„Du kapierst doch nie etwas!"

____

„Mit dir will ich nichts mehr zu tun haben!"

____

„Verdammt noch mal, nun stell dich doch nicht immer so an!"

____

„Du Blödmann, wieso redest du einen solchen Schwachsinn?"

____

Beachte beim Gespräch immer die folgenden Regeln:

- Atme zunächst ein paar Mal tief durch, wenn dich ein anderer beleidigt!
- Überlege, was er dir mit seiner Aussage eigentlich sagen möchte!
- Warte ab, bis der andere ausgeredet hat!
- Wenn du merkst, dass der andere Recht hat, entschuldige dich bei ihm!
- Wenn du dir nicht sicher bist, wie die Aussage gemeint ist, frage ruhig und höflich nach und lass sie dir noch einmal erklären!
- Hole dir einen Vermittler zu Hilfe, wenn du nicht mehr weiterweißt!
- Äußere selbst klar, wie es dir mit der Aussage des anderen geht und dass dich diese Art verletzt!
- Zeige grundsätzliches Verständnis für die Reaktion und lass dich nicht zu einer gleichartigen Gegenwehr hinreißen. Bleib ruhig, freundlich und gelassen!
- Wenn es gar nicht anders geht: Beende das Gespräch, bevor der Streit eskaliert (Der Klügere gibt nach!)!

4.3 Stärkung der Problemlösekompetenz

Ziele

- Zeigen, dass Probleme kooperativ und kommunikativ gelöst werden können
- Flexibel mit Situationen und Anforderungen umgehen können

Beschreibung der Maßnahme

Im schulischen Alltag sollen sich die Schüler in vielfältigen Situationen und zwischenmenschlichen Interaktionen bewähren. Diese Situationen können auch Konflikte und Störungen bergen, vor allem weil individuelle Persönlichkeiten mit unterschiedlichen (sozialen) Erfahrungen, Erwartungen und Gefühlen aufeinandertreffen. Oft spielt dabei auch noch Leistungsdruck und Stress eine Rolle. Unabsichtlich wird dabei manchmal vorschnell Verhalten interpretiert und dementsprechend unreflektiert gehandelt. Leider oft nicht kommunikativ, sondern aggressiv.

Damit Schüler lernen können, miteinander Problemsituationen anzugehen, kann man ihnen spielerische Übungssituationen anbieten. Einige dieser Situationen werden im Folgenden beschrieben. Grundvoraussetzung für eine Problembewältigung ist hierbei, dass die Schüler erfahren, mit sich und anderen in einer Klassengemeinschaft umzugehen bzw. auch eigene Grenzen und die des anderen zu kennen. Auch dafür sind exemplarisch Übungen aufgezeigt.

Saure Gurke: Diese Metapher wird in der Klasse eingeführt, um den Schülern die Möglichkeit zu lassen, ihrer schlechten Stimmung Ausdruck zu geben. Sie werden aufgefordert, ihre Gefühle in Ich-Botschaften zu verpacken: „Ich bin sauer, weil ...". Analog können Metaphern für weitere Gefühle eingeführt werden.

Stopp-Karte: Sich in unangenehmen Situationen verbal angemessen zu äußern und dem Gegenüber Einhalt zu gebieten, fällt Schülern manchmal schwer. Schüler müssen lernen, in Situationen, die ihnen nicht mehr angenehm sind, „Halt" zu sagen. Die Stopp-Karte kann eine in der Klasse eingeführte Methode sein, die durch das bewusste Zeigen der Karte die verbale Äußerung NEIN noch unterstützt.

Körpersignale erkennen: Um andere Menschen gut verstehen zu können, sind neben der sprachlichen Ausdrucksmöglichkeit Mimik und Gestik besonders wichtig. Es bietet sich an, Schülern Übungssituationen anzubieten, indem ein Teil der Schüler durch Mimik und Gestik ein bestimmtes Gefühl oder eine bestimmte Stimmung darstellt und der andere Teil errät, was dargestellt wird.

Problemsituationen malen: Viele Schüler wollen nicht unbedingt gleich über schwierige Situationen sprechen. Ihnen kann man als Möglichkeit, mit der Situation umzugehen, anbieten, zuerst ein Bild zu malen und so mit der stressreichen Situation fertig zu werden.

Das Vogelei: Für diese kooperative Übung wird eine Klasse in Gruppen aufgeteilt. Jede der Kleingruppen erhält ein rohes Ei, Strohhalme und Tesafilm. Das Ei soll so verpackt werden, dass es später aus größerer Höhe abgeworfen werden kann, ohne kaputtzugehen. Hier ist neben Geschicklichkeit vor allem die kooperative Problemlösekompetenz der Gruppe gefragt.

Decke umdrehen: Eine Decke muss umgedreht werden, während alle Teilnehmer darauf stehen.

Eisscholle: Eine Decke muss immer kleiner, d. h. zusammengefaltet werden, während alle Teilnehmer darauf stehen bleiben.

Der gordische Knoten: Die Teilnehmer stellen sich im Kreis auf, schließen die Augen und gehen mit vorgestreckten Armen auf die Mitte zu. Dort fassen sie mit jeder Hand je eine Hand eines anderen Teilnehmers. Alternativ können die Teilnehmer auch eng zusammenstehen und dann eine andere Hand suchen. Dadurch bildet sich ein wirrer Knäuel. Die Aufgabe ist – ohne die Hände loszulassen – durch Drüber- und Druntersteigen den Knoten so zu entwirren, dass eine (oder mehrere) geschlossene Menschenkette entsteht.

Figuren stellen mit Füßen und Händen: Ein Spielleiter sagt jeweils an, wie viele Füße und Hände von den Personen einer Kleingruppe, z. B. fünf Teilnehmer, den Boden berühren dürfen. Die Gruppe muss sich so formieren, dass der Auftrag erfüllt wird. Hierzu kann es nötig sein, sich gegenseitig zu stützen.

Reihenbilden im Sportunterricht: Alle Schüler der Klasse müssen sich auf die Langbank stellen. Der Lehrer gibt eine Aufgabe vor, z. B. sich in der richtigen Reihenfolge des ABCs aufstellen, ohne dass ein Schüler von der Langbank heruntersteigt.

Ungewöhnlicher Auftrag: Die Schüler üben hier das Argumentieren in einer spontanen Gesprächssituation mit einem ungewöhnlichen Gesprächsanlass. Sie sollen Argumente finden und ihr Gegenüber z. B. davon überzeugen, ein Buch über die Fortpflanzung bei Quallen zu lesen.

Ungewöhnliche Arbeitsaufträge: Eine Gruppe erhält Material, z. B. Papier, Schachteln, Klopapierrollen, Dosen (aber keine Scheren, keinen Kleber), mit dem Auftrag, eine stabile Burg zu bauen.

„It's Team-Time" ist ein Trainingsprogramm für kooperative Arbeitsphasen und Projektunterricht. Durch verschiedene Methoden erfahren und trainieren die Schüler die Zusammenarbeit in der Gruppe, reflektieren die stattfindenden Gruppenprozesse und üben das Präsentieren vor der Klasse.

Literaturempfehlung

Stein, Robert: It's Team-Time. Ein Teamtraining für Schüler – ein Praxisbuch für Lehrer. Burgthann: Bayerische Akademie für Schullandheimpädagogik, 2002.

4.4. Kooperation

Ziele

- Austauschprozesse intensivieren
- Zusammen Ideen entwickeln und umsetzen

Beschreibung der Maßnahme

✓ **Kooperation innerhalb der Klasse**

Die Auseinandersetzung mit einer Aufgabenstellung wird durch das Einbringen und den Vergleich verschiedener Perspektiven, Meinungen und Lösungsansätze wesentlich bereichert. Diesen Vorteil kooperativer Lernformen gilt es methodisch geschickt und vielfältig zu nutzen – im Unterricht, im Rahmen von Projektarbeiten oder auch bei Schullandheimaufenthalten. Darüber hinaus bieten sich ausgeschriebene Wettbewerbe an, zusammen eine Idee einzureichen.

✓ **Kooperation klassenübergreifend**

Gemeinsam mit anderen Klassen durchgeführte Projekte oder auch eine Mentorentätigkeit können die Kooperationsfähigkeit stärken.

✓ **Kooperation innerhalb von Schullandheimaufenthalten**

Schullandheimaufenthalte eignen sich dazu, kooperative Lernformen in offenen Lernsituationen in den Mittelpunkt zu stellen. Schüler erleben, in die Arbeit einer Gruppe eingebunden zu sein. Sie kommunizieren in der Gruppe und kooperieren. Außerdem müssen Sie auftretende Probleme gemeinsam lösen und eventuelle Konflikte bewältigen. Jugendliche lernen Grenzen kennen und Regeln als sinnvolle Ordnungsprinzipien für eine funktionierende Gemeinschaft zu akzeptieren.

Die Fähigkeiten zur Teamarbeit und zur Arbeitsorganisation werden erfahrbar. Das Schullandheim kann auf diese Weise dazu beitragen, sich durch handelndes und reflektiertes Tun in der Gruppe mit grundlegenden Werthaltungen auseinanderzusetzen und menschliche Verpflichtungen einsichtig zu machen. Eigene Wertmaßstäbe können entwickelt und in einer Gruppe erprobt werden. Verantwortung und Solidarität, aber auch Selbstbeherrschung und Konfliktfähigkeit werden erlebt.

Schullandheimaufenthalte können die Zusammenarbeit der Lerngruppe nachhaltig prägen und dazu beitragen, die Sozial-, Lern- und Bildungskultur und damit die Lernergebnisse zu verbessern.

[vgl. http://www.schullandheim.de/dokumente/vds_slh_info.pdf: aufgerufen am 1.6.12]

Weitere Informationen finden Sie unter:
http://www.schullandheim.de
http://www.jugendherberge.de/

Bei Schullandheimaufenthalten kann man z. B. auch ein extra dafür entwickeltes Trainingsprogramm einsetzen:

„It's Team-Time" (Stein 2002) ist ein Trainingsprogramm für kooperative Arbeitsphasen und Projektunterricht. Durch verschiedene Methoden erfahren und trainieren die Schüler die Zusammenarbeit in der Gruppe, reflektieren die stattfindenden Gruppenprozesse und üben das Präsentieren vor der Klasse. „It's Team-Time" ist praxiserprobt und geeignet, um kooperative Lernprozesse anzustoßen.

✓ **Schul-Erlebnis-Pädagogik**

Die Schul-Erlebnis-Pädagogik (SEP) hat sich aus der Erlebnispädagogik entwickelt. Sie beschäftigt sich mit Formen, die in der schulischen Praxis einsetzbar sind.

Durch schulerlebnispädagogische Elemente soll vor allem die Selbst- und Sozialkompetenz der Schüler gefördert und gestärkt werden. Die Schüler lernen den Umgang mit ihren eigenen Stärken und Schwächen und können in konkreten Situationen Mitschüler unterstützen. Das Erleben von Gemeinschaft und miteinander Handeln stärkt das Wir-Gefühl einer Klasse.

Inhalte sind:
- **Kennenlernen und Wahrnehmen des Gegenübers in spielerischer Form**
- **vertrauensbildende Maßnahmen**
- **Kooperationsübungen**
- **Problemlöseaufgaben**

Diese Inhalte und Methoden werden im Rahmen von Projekten und Unternehmungen umgesetzt.

Weitere Informationen und Beispiele für kooperative Übungen finden Sie unter:
http://www.schulerlebnispaedagogik.de/

✓ **Kooperation mit externen Partnern**

Im Rahmen von Projekten können Klassen oder Schüler mit in der Region ansässigen Partnern kooperieren und somit gleichzeitig Arbeitgeber und Firmen bzw. Industrie kennenlernen. Experten können für diese Projekte in die Schule eingeladen werden oder man besucht die Arbeitsplätze vor Ort.

Kopiervorlagen

KV 13: Methoden des kooperativen Lernens
KV 27: Mentorenvertrag

5.1 Der Klassenrat

Ziele

- Behandlung von positiven wie auch negativen Klassenbegebenheiten in der Gruppe
- Kennenlernen demokratischer Austauschprozesse
- Akzeptieren von Mehrheitsmeinungen
- Gemeinsames Fassen von Klassenbeschlüssen

Beschreibung der Maßnahme

Der Klassenrat, auch Klassenversammlung genannt, geht auf eine Idee des französischen Landschullehrers und Reformpädagogen Célestin Freinet zurück. Hierbei handelt es sich um regelmäßige, am Ende der Woche stattfindende Gesprächsrunden im Rahmen der Klassengemeinschaft, bei der Schüler, aber auch Lehrkräfte die Gelegenheit erhalten, auf der Basis demokratischer Gesprächskultur im gesamten Klassenverband miteinander zu reden, sich auseinanderzusetzen, sich abzusprechen, gemeinsame Abkommen zu treffen u. v. m. Es geht also nicht darum, im Sinne eines Morgenkreises den Tagesablauf vorzubesprechen, sondern vielmehr darum, im Sinne einer Vollversammlung mit allen Mitgliedern der Klassengemeinschaft über inhaltliche, methodische und erzieherische Fragestellungen der Klasse zu beraten. „Hier geschieht die Organisation der Arbeit. Es werden Vorschläge für die Arbeit gemacht, es wird Kritik und Zustimmung ausgesprochen und die Lösung von Konflikten in Angriff genommen.“ (Baillet 1989, S. 255) Dem Klassenrat liegen hierbei als Gesprächsgrundlage die Eintragungen auf einer Wandzeitung an einer Seite des Klassenzimmers zugrunde, welche die ganze Woche über dazu einlädt, Gesprächsbedarf zu klassen- und unterrichtsrelevanten Themen gezielt anzumelden. Hierfür können Schüler und Lehrkräfte ihre Bemerkungen z. B. in folgende Rubriken eintragen:

- ✓ Ich fand gut, dass …
- ✓ Ich schlage vor, dass …
- ✓ Ich kritisierte, dass …
- ✓ Ich habe mich geärgert über …

Es geht also nicht nur darum, mögliche Probleme zur Gesprächsgrundlage zu machen, sondern auch positive Aspekte des Klassenlebens zu thematisieren. Dem Wort der Lehrkraft kommt hierbei ein besonderes Gewicht zu, beispielsweise auch die Möglichkeit eines Vetorechts gegen Beschlüsse des Klassenrats, wenn hierdurch rechtliche Angelegenheiten verletzt werden oder einzelne Schüler ins Abseits geraten.

Am Ende der Woche findet sodann die Klassenratssitzung auf der Basis der Eintragungen statt und wird von einem Schüler geleitet. Zunächst wird das Protokoll der vorangegangenen Klassenratssitzung vorgelesen und ggf. berichtigt. Zudem wird überlegt, welche gemeinsamen Beschlüsse des Klassenrats vom letzten Mal auch tatsächlich eingehalten bzw. umgesetzt wurden und welche nicht. Bei Nichteinhalten wird überlegt, wie man weiter verfahren könnte. Sodann erfolgen die Stellungnahmen zu den neuen Einträgen. Diese sollten mit Namen der Urheber unterzeichnet sein, die ihren Eintrag noch einmal kurz erläutern. Dann besteht die Möglichkeit für alle anderen Klassenmitglieder zu eigenen Wortbeiträgen. Der Sitzungsleiter organisiert die Diskussion und sorgt (mit Hilfestellung durch die Lehrkraft) für die Einhaltung der Gesprächsregeln. Auch die Lehrkraft reiht sich hier mit eigenen Gesprächsbeiträgen ein. Falls erforderlich, werden in gemeinsamer Abstimmung Beschlüsse gefasst und der Ablauf der Sitzung einschließlich der Entscheidungen erneut im Protokoll festgehalten.

Den Rahmen der gemeinsamen Klassenratssitzungen bilden ausführliche Besprechungen der Lehrkraft zu den jeweiligen Möglichkeiten, aber auch zu den Grenzen des Klassenrates, die der Lehrer setzt.

Bezug zu weiteren Maßnahmen

3.2 Gesprächs- und Feedbackkultur pflegen: Klassenkreisgespräche
3.3 Klassenregeln

Kopiervorlagen

KV 25: Protokoll einer Klassenratssitzung
KV 26: Regeln für die gemeinsame Arbeit im Klassenrat

Protokoll einer Klassenratssitzung

Klasse: ____________

Protokoll der ____

Klassenratssitzung vom ____________________________________

Diskussionsleiter der Sitzung: ______________________________

Protokollführer: ____

Abwesende Schüler: ____

____

Beteiligte Lehrkraft/Lehrkräfte: ________________________________

Themen der Sitzung:

1. ____
2. ____
3. ____
4. ____
5. ____

Gemeinsame Beschlüsse und Abmachungen:

1. ____
2. ____
3. ____
4. ____
5. ____

Vertagtes für die nächste Sitzung:

1. ____
2. ____

____________________	____________________	____________________
Unterschrift Diskussionsleiter	Unterschrift Protokollführer	Unterschrift Lehrkraft

Regeln für die gemeinsame Arbeit im Klassenrat

1. Wenn ich etwas in die Wandzeitung eintrage, schreibe ich meinen Namen dazu. Ich schreibe keine Beiträge unter fremdem Namen!

2. Ich verwende in meinem Eintrag keine Schimpfwörter oder sonstige Beleidigungen von Mitschülern, Lehrkräften und sonstigen Personen.

3. Wenn ich einen Eintrag gemacht habe, erkläre ich diesen bei der Klassenratssitzung noch einmal genauer.

4. Wenn ich zu einer Aussage Stellung nehme, beleidige ich keine anderen und verwende keine Schimpfwörter.

5. Wenn ein anderer im Klassenrat spricht, halte ich mich an die üblichen Gesprächsregeln:
   - Ich rufe nicht dazwischen.
   - Ich höre dem anderen zu, bis er fertig ist.
   - Ich führe keine „Privatgespräche", wenn Mitschüler im Klassenrat ihre Meinung erläutern.
   - Wenn ich selbst etwas sagen will, melde ich mich.
   - Ich warte, bis ich an der Reihe bin.

   Diese Regeln gelten auch für die Lehrkräfte!

6. Wenn eine Eintragung in der Wandzeitung steht, bleibt sie auch die ganze Woche über dort. Ich streiche weder meine eigenen noch fremde Eintragungen!

7. Bei meinen Einträgen schreibe ich sauber und leserlich, damit die Klassengemeinschaft darüber sprechen kann.

5.2 Empathie entwickeln

Ziele

- Hineinversetzen in Mitschüler
- Wahrnehmung von deren Emotionen
- Adäquater Umgang mit den Gefühlen der anderen

Beschreibung der Maßnahme

Schüler müssen mit fortschreitendem Alter immer bessere Kompetenzen entwickeln, die Emotionen ihrer Mitschüler wie auch schulexterner Personen richtig zu verstehen und zu deuten. Diese Fähigkeit wird insbesondere dadurch gefördert, dass Schülern die Ursachen sowie die Erscheinungsformen und die innere Beschaffenheit von Emotionen und Gefühlen, von Wünschen wie auch von Ängsten, ins Bewusstsein gerufen werden. Diese Aufklärung bezieht sich dabei sowohl auf eigene Gefühle wie auch auf jene der anderen. Nur über eine vorausgehende gezielte Analyse der eigenen Gefühle und Stimmungen, die mit den jeweiligen situativen Rahmenbedingungen wie auch mit allgemeinen Persönlichkeitscharakteristika zu tun haben, lässt sich auch Einblick in die Gefühlswelt der Mitmenschen erreichen. Erst wenn Schüler die Gefühle der anderen verstehen und gleichzeitig wissen, wie sie diese selbst beeinflussen, kann der Aufbau einer positiven Interaktion, ein angemessenes Reagieren auf die Bedürfnisse der Mitmenschen erfolgen.

Gefühle der Mitmenschen kann man dabei auf verschiedene Weise wahrnehmen:
- ✓ durch den gezielten Blick auf den anderen (Gesicht, Körperhaltung etc.)
- ✓ durch das Hören auf die Äußerungen des anderen (z. B. Schimpfen, Weinen etc.)
- ✓ durch gezielte Fragen an den Mitmenschen nach dessen Befinden

Alle Erfahrungskanäle sollten dabei für ein umfassendes Bild von der momentanen Befindlichkeit des anderen gemeinsam genutzt werden.

Neben dem gezielten Einfühlen in den anderen ist es außerdem bedeutsam, spezifische Anzeichen für eine bestimmte (negative) Stimmungslage bereits im Vorfeld zu erkennen und möglichst umgehend darauf zu reagieren.

Zu einem stringenten Arbeiten an der Reduktion eigenen Ärgers gehört auch, dem anderen Hilfestellung geben zu können und sich in sein Gemütsempfinden hineinzuversetzen. Hierfür können folgende Tipps gegeben werden:
- ✓ sportliche Betätigung
- ✓ gezielte Entspannungs- und Atemtechniken
- ✓ an etwas Schönes denken

Beginnen lässt sich der Zyklus dieser Übungen damit, dass Schüler pantomimisch verschiedene Tätigkeiten darstellen, die die anderen erraten müssen (z. B. Berufe). Auf diese Weise werden die Mitschüler dazu veranlasst, genau auf die Person des anderen, auf seine Mimik und Gestik zu achten.

In einem zweiten Schritt sollten persönliche Gefühle des Einzelnen pantomimisch dargestellt werden (z. B. Wut, Ärger, Freude, Angst …). Ein anschließendes Gespräch über die wahrgenommenen Beobachtungen zeigt dem Beobachteten, wie er auf die anderen gewirkt hat. Dem Beobachter wiederum wird signalisiert, ob er nonverbale Äußerungen des Gegenübers schon korrekt deuten kann.

In einem dritten Schritt ist es möglich, dass die Schüler sich in kleinen Gruppen kurze Geschichten erzählen, in denen sie von sich vier wichtige Eigenschaften nennen. Drei dieser Eigenschaften sollen aber nur stimmen, eine vierte sollte erfunden sein. Aufgabe der Beobachter ist es nun zu erkennen (z. B. anhand der veränderten Mimik, Gestik, Stimme etc. beim Schwindeln), welche dieser Eigenschaften falsch ist.

Grundlage der letzten Übung bilden Gesprächsregeln, an die sich Erzähler und Zuhörer gleichermaßen halten müssen.

Bezug zu weiteren Maßnahmen

4.1.2 Grundlagen der Kommunikation – aktives Zuhören

Kopiervorlagen

KV 20: Gesprächsregeln zum aktiven Zuhören

5.3 Mentorentätigkeit

Ziele

- Übernahme von Verantwortung für andere
- Weitergabe eigenen Wissens
- Beitragen zur Integration von jüngeren Schülern in die Schulgemeinschaft

Beschreibung der Maßnahme

Mit dem Eintritt in die Sekundarstufe ist für alle Schüler ein neuer Lebensabschnitt verbunden, der ihnen zum einen eine Veränderung des Lernraumes, zum anderen auch eine vielfach geänderte soziale Umwelt beschert. Zudem werden sie mit neuen Lernerwartungen konfrontiert, mit denen nicht alle Schüler gleichermaßen Schritt halten können. Deshalb empfiehlt es sich, in individueller Betreuungsarbeit Schüler aus höheren Klassen zu Mentoren zu ernennen/auszubilden und sie in verschiedenen Bereichen Zuständigkeiten für Jüngere übernehmen zu lassen. Hierbei bieten sich verschiedene Optionen eines Helfersystems:

- ✓ Ansprechpartner bei Streitigkeiten mit Mitschülern (Streitschlichtung)
- ✓ Anlaufstelle bei Ortsproblemen im Schulhaus bzw. bei der Vermittlung geeigneter Ansprechpartner für bestimmte Anfragen
- ✓ Helfer für Jüngere als Lern- und Lesepaten

Gerade durch das Mithelfen älterer Schüler werden diese verstärkt in die Pflicht genommen und erfahren, was es heißt, Verantwortung für andere zu übernehmen. Sie lernen, dass man sich auf sie verlassen können muss. Im Prozess des Erklärens erfahren sie zudem eine Bereicherung ihres eigenen Lernens, da im Sinne eines Lernens durch Lehren Denkvorgänge angestoßen und verbalisiert werden, die den eigenen Verstehensprozess positiv beeinflussen. Die jüngeren Mitschüler wiederum begreifen neue Lerninhalte durch die Erklärung auf Augenhöhe möglicherweise besser und schneller, als dies ein Lehrer mitunter bewerkstelligen kann. Zudem erfolgt hier eine Eins-zu-eins-Betreuung, die individuell abgestimmt werden kann und genügend Raum für Fragen bietet, die sich im Dialog äußerst effektiv klären lassen. Nicht zuletzt wird auch ein Gefühl des persönlichen Beschütztwerdens durch die Größeren gewährleistet und vermittelt ein Stück Sicherheit im Schulalltag.

Organisatorisch bieten sich hier feste Stunden im Wochenablauf an, im Idealfall am Vormittag bei geeigneter Stundenplansetzung. Auch Nachmittagsstunden können hierfür eigens eingeplant werden.

Kopiervorlagen

KV 27: Mentorenvertrag

Mentorenvertrag

Ich, ______________________________ aus der Klasse __________, erkläre mich hiermit einverstanden, für die Schülerin/den Schüler ______________________________ aus der Klasse __________ im Schuljahr ____________________ als **Mentorin/Mentor** tätig zu sein.

Die Betreuung findet jeweils zu folgenden festen Zeitpunkten statt

____

(oder nach persönlicher Vereinbarung)

und umfasst folgende Aufgabenbereiche:

1. ____
2. ____
3. ____
4. ____
5. ____

Wenn ich meine Tätigkeit (z. B. aufgrund einer Exkursion, eigener Lerntätigkeiten etc.) einmal nicht wahrnehmen kann, wende ich mich mindestens __________ Tage im Voraus an

______________________________ ______________________________.

Sie/er gibt diese Information an die von mir betreute Schülerin/den von mir betreuten Schüler rechtzeitig weiter.

Wird die Mentorentätigkeit im Laufe des Schuljahres überflüssig, so wird die Auflösung des Vertrages im Einvernehmen mit der Klassenleitung geregelt.

____

Ort, Datum

______________________________ ______________________________ ______________________________

Unterschrift Mentor/in | Unterschrift betreute/r Schüler/in | Unterschrift Klassenlehrkraft

6.1 Prävention im Team (PIT)

Ziele

- Förderung sozialer Kompetenzen
- Präventionsmaßnahme

Beschreibung

„Prävention im Team" (PIT) ist ein mittlerweile bundesweit aufgelegtes Präventions- und Sozialtrainingsprogramm für Schulen, das ursprünglich in Schleswig-Holstein aus der Zusammenarbeit von Pädagogen, Schulpsychologen, Kriminalbeamten und Suchtberatern gemeinsam entwickelt wurde. Das Programm greift speziell im Sekundarbereich verschiedene Probleme (Drogensucht, Gewalt, Mobbing etc.) auf und bietet zu deren Lösung eine Fülle praxisrelevanter und schulartenübergreifender Handlungsanregungen, die einerseits punktuell, andererseits aber auch möglichst breit und nachhaltig Schlüsselqualifikationen anbahnen sollen.

Zentrale Ziele von PIT liegen in

- ✓ der Stärkung des Normenbewusstseins von Schülern,
- ✓ der Befähigung von Jugendlichen zur Konflikterkennung sowie der Ausbildung von Konfliktlösungsstrategien,
- ✓ der Entwicklung von Verantwortungsbewusstsein für gefährdete Mitschüler,
- ✓ der Stärkung der Gesamtpersönlichkeit der Jugendlichen (Selbstbewusstsein, Selbstwertgefühl, Eigenverantwortlichkeit etc.)
- ✓ und der bewussten Gestaltung gemeinschaftlichen Zusammenlebens.

Die im Unterricht durchzuführenden Spiele und Übungen erfordern stets die Zusammenarbeit der ganzen Klassengemeinschaft. Es können auch mögliche Konfrontationserfahrungen verursacht werden, mittels derer die Schüler unter Aufsicht lernen sollen, wie man mit anderen Personen **gewaltfrei kommunizieren und kooperieren** und **mögliche Konflikte konstruktiv lösen** kann. Zudem wird über Rollenspiele trainiert, Konflikte leichter zu erkennen und in derartigen Konfliktsituationen deeskalierend zu wirken. Kinder und Jugendliche erweitern durch die Vielzahl an spielerischen Übungen ihr eigenes **Verhaltensrepertoire** und bekommen **Lösungswege** an die Hand, wie man geschickt und gewaltfrei unangenehme Situationen bewältigen kann.
(vgl. [http://www.praevention-im-team.eu/html/ziele.html 19.01.2012])

Literatur-empfehlung

Zur Unterstützung der Umsetzung des Konzeptes gibt es eine gleichnamige Publikation, welche zahlreiche Materialien enthält und außerdem die organisatorischen Rahmenbedingungen der Durchführung und den inhaltlichen Ablauf des Programms PIT detailliert beschreibt.

Bayerisches Staatsministerium des Innern/Bayerisches Staatsministerium für Unterricht und Kultus/Institut für Schulqualität und Bildungsforschung München/ Bayerisches Landeskriminalamt (Hrsg.): PIT. Prävention im Team. 2. Aufl. Augsburg: Brigg Verlag, 2011.

6.2 Lions-Quest

Ziele

- Aufbau personaler Kompetenzen (Selbstvertrauen)
- Förderung von sozialen Kompetenzen (kommunikative Fähigkeiten, Bewältigung von Konfliktsituationen)

Didaktischer Ort/ Jahrgangsstufe

Programm für die Sek I

Beschreibung

Das Programm „Lions-Quest – Erwachsen werden" ist ein Jugendförderprogramm für zehn- bis 14-jährige Mädchen und Jungen und wird insbesondere im Unterricht der Sekundarstufe I vermittelt. Basis für seine professionelle Handhabung im Kontext von Schule ist eine praxisorientierte Schulung, Begleitung und Fortbildung der Lehrkräfte durch speziell ausgebildete Trainer. Organisiert und betreut wird das Programm vom Hilfswerk der Deutschen Lions e. V. (HDL). Entwickelt wurde das Programm in den Siebzigerjahren des 20. Jahrhunderts von der unabhängigen amerikanischen Stiftung „Quest International" (Quest, engl. = Suche, Streben) unter dem Namen „Skills for Adolescence". Seit 1984 wird es nunmehr in Kooperation mit Lions Clubs International in mehr als 50 Ländern eingesetzt, seit 1994 auch in Deutschland.

Den Mittelpunkt des Unterrichts mit „Erwachsen werden" bildet dabei die planvolle Förderung der sozialen Kompetenzen von Schülern. Sie werden dabei unterstützt, sowohl das eigene Selbstvertrauen als auch ihre kommunikativen Fähigkeiten nachhaltig zu stärken, Kontakte und positive Beziehungen aufzubauen und zu pflegen, Konflikt- und Risikosituationen in ihrem Alltag angemessen zu bewältigen und konstruktive Problemlösungen für ihre insbesondere jugendspezifischen Probleme zu finden. Geschult werden diese Kompetenzen an Themen, die Jugendliche sowohl im Alltag als auch in der Schule und im Freundeskreis besonders betreffen. Hierbei wird eine ganzheitliche Einbeziehung des Menschen mit Kopf (Kenntnissen), Herz (Emotionen) und Hand (Aktivitäten) angestrebt.

Neben dem Aufbau von Selbst- und Sozialkompetenz möchte das Programm den Schülern Orientierungshilfen beim Aufbau eines eigenen, sozial eingebundenen Wertesystems anbieten. Damit ordnet sich das Konzept von „Lions-Quest-Erwachsen werden" in den Ansatz der *Life-Skills-Erziehung* (Lebenskompetenz-Erziehung) ein, dem von der aktuellen Forschung die größten Erfolgsaussichten bei der Prävention (selbst)zerstörerischer Verhaltensweisen (Sucht- und Drogenabhängigkeit, Gewaltbereitschaft, Suizidgefährdung) zugesprochen werden. Auch die Schülereltern werden in vielfältiger Weise in die Arbeit ihrer Kinder mit dem Programm aktiv einbezogen.

Weitere Informationen und Materialien finden Sie unter:
http://www.lions-quest.de/

6.3 Achtsamkeit und Anerkennung

Ziel

Materialien zur Förderung des Sozialverhaltens in den Klassen 5–9

Beschreibung

Schulen sollen neben fachlichem Wissen, Können und Verstehen auch soziales Lernen begleiten, Gewaltprävention betreiben und zur Vermittlung von Werten beitragen. Sie sollen damit die Basis für ein tolerantes, offenes und zugleich respektvolles Zusammenleben in Schule und Gesellschaft fördern.

Dies ist gerade im frühen Jugendalter eine Herausforderung. In der Pubertät suchen Jugendliche nach neuen Orientierungen, testen Grenzen aus, müssen unterschiedliche Erwartungen von Schule, Elternhaus, Freundes- und Bekanntenkreis bewältigen und mit neuen, ungewohnten Emotionen zurechtkommen.

Die Anregungen und Materialien sollen Lehrkräfte der Sekundarstufe dabei unterstützen, in Schule und Unterricht ein **achtsames und anerkennendes Klima** zu schaffen und zu pflegen. Dazu gehört unter anderem

- ✓ sich gemeinsam auf Regeln und auf einen fairen Umgang miteinander zu verständigen,
- ✓ Gefühle angemessen zum Ausdruck zu bringen,
- ✓ einander zuzuhören,
- ✓ einen konstruktiven Umgang mit Konflikten zu finden,
- ✓ die Wahrnehmung von sich selbst und von anderen zu schärfen,
- ✓ eigene Stärken und Schwächen zu erkennen,
- ✓ und wenn nötig, klare Grenzen zu setzen.

Die zahlreichen praxisorientierten Materialien richten sich an einzelne Lehrkräfte, enthalten aber auch Vorschläge für Teambildung und Schulentwicklung. Alle Materialien wurden in der Schulpraxis erprobt.

Literaturempfehlung

Bundeszentrale für gesundheitliche Aufklärung (BZgA): Achtsamkeit und Anerkennung. Materialien zur Förderung des Sozialverhaltens 5–9

Diese Handreichung ist kostenlos online verfügbar unter:
http://www.bzga.de/botmed_20470000.html

Literaturverzeichnis

1. Monografien, Sammelbände, Aufsätze

Baer, Ulrich / Bücken, Hajo (u. a.): Remscheider Spielkartei. Münster: Ökotopia, o. J.
Baillet, Dietlinde: Freinet – praktisch. Beispiele und Berichte aus Grundschule und Sekundarstufe. 2. Aufl. Weinheim / Basel: Beltz, 1989.
Bayerisches Staatsministerium des Innern / Bayerisches Staatsministerium für Unterricht und Kultus / Institut für Schulqualität und Bildungsforschung / Bayerisches Landeskriminalamt (Hrsg.): PIT. Prävention im Team. 2. Aufl. Augsburg: Brigg, 2011.
Bayerisches Staatsministerium für Unterricht und Kultus (Hrsg.): Lehrplan für die Grundschulen in Bayern. 2000. S. 10.
Böttcher, Wolfgang / Lindart, Marc: Schlüsselqualifiziert. Schüler entwickeln personale und soziale Kompetenzen. Weinheim / Basel: Beltz, 2009.
Brohm, Michaela: Sozialkompetenz und Schule. Theoretische Grundlagen und empirische Befunde zu Gelingensbedingungen sozialbezogener Interventionen. Weinheim / München: Juventa, 2009.
Dambach, Karl E.: Mobbing in der Schulklasse. 3. Aufl. München (u. a.): Reinhardt, 2009.
Eisenberg, Nancy / Fabes, Richard A. / Guthrie, Ivanna K. / Reiser, Mark: The role of emotionality and regulation in children's social competence and adjustment. In: L. Pulkkinen & A. Caspi (Eds.): Paths of successful development. Personality in the life course. New York: Cambridge University Press, 2002. S. 46 – 70.
Faulstich-Christ, Katja / Lersch, Rainer / Moegling, Klaus (Hrsg.): Kompetenzorientierung in Theorie, Forschung und Praxis. Immenhausen: Prolog, 2010.
Glomp, Ingrid: Unsoziale Kinder lernen schlechter. In: Psychologie heute. 26. Jahrgang, Ausgabe Nr. 4. (1999). S. 14.
Green, Norm / Green, Kathy: Kooperatives Lernen im Klassenraum und im Kollegium. Seelze: Kallmeyer, 2005.
Jugert, Gert / Rehder, Anke / Notz, Peter / Petermann, Franz: Soziale Kompetenz für Jugendliche. Grundlagen und Training. 6., überarb. Aufl. Weinheim / München: Juventa, 2009.
Kase, Gunter: Samfund und Miteinandern. Bausteine zum psychosozialen Lernen in der Schule, Teil 1 – 4. Lübeck: Verband Schleswig-Holsteinischer Schulpsychologen, 1995.
Krucinski, Andrea: Soziales Lernen im Unterricht. Praxiserprobte Bausteine und Anregungen. Berlin: Cornelsen Scriptor, 2011.
Lehner, Andrea / Baselt, Julia / Berentz, Karin / Keller, Christine: Soziale Kompetenzen stärken. München: Maiß, 2005.
Miller, Reinhold: Das ist ja wieder typisch. Kommunikation in Schule und Schulverwaltung. 25 Trainingsbausteine. Weinheim / Basel: Beltz, 1997.
Petermann, Franz / Wiedebusch, Silvia: Emotionale Kompetenz bei Kindern. 2., erw. Aufl. Göttingen: Hogrefe, 2008.
Schiffer, Penny / von der Linde, Boris: Mit Soft Skills mehr erreichen. München: Verlag moderne-industrie, 2002.
Schulz von Thun, Friedemann: Miteinander reden 1. Störungen und Klärungen. Reinbek bei Hamburg: Rowohlt, 1992.
Stein, Robert: It's Team-Time. Ein Teamtraining für Schüler – ein Praxisbuch für Lehrer. Burgthann: Bayerische Akademie für Schullandheimpädagogik, 2002. (zu beziehen unter: http://alp.dillingen.de/publikationen)
Weidner, Margit: Soziale Kinder lernen besser. In: Grundschule. H. 2. 2005, S. 22 – 28.
Weinert, Franz E. (Hrsg.): Leistungsmessungen in Schulen. Weinheim / Basel: Beltz, 2001. S. 17 – 31.

2. Internetquellen

www.teampinboard.de
http://www.kooperatives-lernen.de/dc/CL/index.html

Quellenverzeichnis

(S. 34) Fragebogen zur Selbst- und Fremdwahrnehmung:
nach: Karl E. Dambach: Mobbing in der Schulklasse. © 3., überarb. Auflage 2009 Ernst Reinhardt Verlag München / Basel, S. 111. www.reinhardt-verlag.de

(S. 64) 4-Ohren-Modell:
aus: Friedemann Schulz von Thun, „Miteinander reden 1. Störungen und Klärungen. Allgemeine Psychologie der Kommunikation" Copyright © 1981 Rowohlt Taschenbuch Verlag GmbH, Reinbek bei Hamburg.

(S. 73) Ein Gegenstand, drei Perspektiven:
Grafik von Susanne Lindemann, aus: Wolfgang Böttcher / Marc Lindhart, Schlüsselqualifiziert. Schüler entwickeln personale und soziale Kompetenzen. S. 114. © 2009 Beltz Verlag, Weinheim / Basel.

(S. 78–81) Gewaltfreie Kommunikation / Giraffen- und Wolfssprache nach PIT:
aus: Kahlert, Joachim (u. a.): Achtsamkeit und Anerkennung. Materialien zur Förderung des Sozialverhaltens in der Grundschule. Hrsg. von der Bundeszentrale für gesundheitliche Aufklärung. 1. Aufl. © BZgA Köln 2002

Neue Unterrichtsideen für das Gymnasium!

Tanja Haase

Sprechen – Darstellen – Vortragen

Kleine Szenen und Texte für den Deutschunterricht am Gymnasium

Schüler der Klasse 5/6 haben häufig noch große Schwierigkeiten, Texte flüssig und überzeugend vor einem Auditorium vorzutragen: Sie sind gehemmt und wissen nicht, wie sie sich verhalten sollen. Texte zu lesen, auswendig vorzutragen und mimisch und gestisch möglichst überzeugend zu unterstützen ist Bestandteil des Lehrplans und Grundlage für spätere Präsentationen in allen Fächern wie auch für das spätere Unterrichtsfach Darstellendes Spiel. Da der Lehrer in der Regel wenig Zeit hat, geeignete Texte zusammenzustellen, findet er hier eine Vielzahl unterschiedlicher, fantasievoller dramatischer und nichtdramatischer Texte, die die Schüler aus der Reserve locken und anhand derer sie lernen können, sich vorteilhaft ins rechte Licht zu setzen.

So vermitteln Lehrer ihren Schülern die Freude am ausdrucksvollen Vortragen von Texten und Inhalten!

Buch, 91 Seiten, DIN A4
5. und 6. Klasse
ISBN 978-3-403-23173-8

Genia Gutter

Praktische Theaterarbeit am Gymnasium

Grundlagen – Inszenierungskonzepte – Texte

Das Fach Darstellendes Spiel soll sowohl Wissen rund ums Theater vermitteln als auch ganz praktisch in der Zusammenarbeit mit den Schülern theatrale Darstellungsformen zur Aufführung bringen. Das stellt Lehrer wie Schüler vor besondere Herausforderungen. Der Lehrer findet hier einen Leitfaden, der sowohl theoretisches Hintergrundwissen (aus Praxissicht) vermittelt als auch die praktische Umsetzung im Unterrichtsalltag behandelt. Das betrifft sowohl Stückauswahl und -bearbeitung, Schulung der schauspielerischen Fähigkeiten der Schüler als auch Regiearbeit des Lehrers und die besonderen Herausforderungen des Schultheaters. Anhand zweier Stücke, deren Texte komplett vorliegen, wird die konkrete Arbeit mit den Schülern und deren Umsetzung exemplarisch erläutert.

Der praxisorientierte Leitfaden für das Fach Darstellendes Spiel!

Buch, 83 Seiten, DIN A4
7. bis 10. Klasse
ISBN 978-3-403-232220-9

Bergedorfer® Grundsteine Schulalltag

Dr. Stefan Seitz, Petra Hiebl

Mobbing – Prävention und Intervention

Ein Praxisleitfaden für das Gymnasium

Mobbing – ein großes Problem in der heutigen Zeit. Um Mobbing unter Schülern zu erkennen, richtig zu intervenieren und diesem frühzeitig vorzubeugen, benötigen Lehrer Hilfe und Lösungsstrategien. Dieser Band bietet dabei Unterstützung. Nach einer kurzen theoretischen Einführung über die Ursachen und Hintergründe von Mobbing erhalten Lehrer die nötigen Arbeitsmittel wie z. B. Verhaltensverträge für die Handlungsfelder Schule und Klasse sowie für die persönliche Schüler-Lehrer-Ebene. Diese enthalten sowohl Informationen und Anleitungen für die Lehrkräfte als auch Kopiervorlagen zur kurz- und mittelfristigen Prävention und Intervention. Mediationsverfahren, Checklisten und die CD mit editierbaren Kopiervorlagen runden das Paket ab.

So geben Lehrer Mobbing keine Chance!

Buch, 110 Seiten, DIN A4
5. bis 10. Klasse
ISBN 978-3-403-23221-6

Ursula Oppolzer

Lernstrategien entwickeln

Methodentraining für den Unterricht am Gymnasium

Eigenverantwortliches und effektives Lernen wird bei den Schülern der 5./6. Klasse am Gymnasium vorausgesetzt, doch nur wenige Schüler sind bereits mit Lernstrategien vertraut. Mithilfe der Arbeitsblätter dieses Bandes bringen Lehrer die „Neulinge am Gymnasium" auf einen vergleichbaren Stand. Nachdem die Schüler anhand von Fragebögen eine Selbsteinschätzung vorgenommen haben, werden ihnen die Grundtechniken des Lernens verständlich gemacht und mögliche Lernstrategien aufgezeigt. So können Schüler selbstständig die für sie am besten passende Strategie auswählen und mithilfe von Tests zum Lernverhalten und zur Ergebnissicherung überprüfen, ob ihnen die ausgewählte Methode hilft. Konzentrations-, Gedächtnis- und Körperübungen komplettieren das Buch.

So lernen Schüler das Lernen!

Buch, 76 Seiten, DIN A4
5. und 6. Klasse
ISBN 978-3-403-23171-4

Unser Bestellservice:

Das komplette Verlagsprogramm finden Sie in unserem Online-Shop unter

www.persen.de

Bei Fragen hilft Ihnen unser Kundenservice gerne weiter.

Deutschland: ✆ 040/32 50 83-040 · Schweiz: ✆ 052/366 53 54 · Österreich: ✆ 0 72 30/2 00 11